中公文庫

ドビュッシーとの散歩

青柳いづみこ

JN147753

中央公論新社

ドビュッシーとの散歩　目次

I

II

Ⅲ

Ⅳ

ドビュッシーとの散歩

I

1　亜麻色の髪の乙女

亜麻色の長い髪を　風が優しくつつむ
乙女は胸に　白い花束を
羽根のように丘をくだり　やさしい彼のもとへ
明るい歌声は　恋をしてるから

二〇〇二年暮れの紅白歌合戦でも、島谷ひとみさんは「亜麻色の髪の乙女」を歌っていた。

すぎやまこういち作曲、橋本淳作詞。もともとは、一九六八年、当時流行していたグループサウンズのひとつ、ヴィレッジ・シンガーズのヒット曲だった。

そういえば、ヴォーカルの清水道夫になりすまして町内会のイベントに出演し、ギャラ十五万円をだましとったオジサンとかもいたっけ。

「乙女」のモデルは、エキゾチックな風貌で人気のあった青山ミチさんというハーフの女性歌手だったらしい。当初は「風吹く丘で」というタイトルで青山さん自身の持ち歌になっていた。青山さんといえばパンチのきいた「ヴァケイション」のイメージが強く、さわやかさがウリの島谷さんとはずいぶん違う。ヴィレッジ・シンガーズが歌っていたころは、恋する乙女の姿を詩人がほほえましく見つめる、という感じだったけれど、女性の島谷さんが歌うと、彼女自身が亜麻色の髪の乙女になって、いっしんに恋人の胸にとびこんでいく情景が浮かんでくる。

こちらのカバーヴァージョンは、さるダメージケア・シャンプーのCMソングだったとか。健康なキューティクルに包まれてしなやかに広がるストレート・ヘア。

亜麻色の亜麻とは、中央アジア原産の植物で、繊維から糸や織物、亜麻仁《あまに》という種子からは油をとる。昔、ケガをすると亜麻仁油をしみこませた紙をまいて、その上から包帯をしたものだ。金茶に近い独特の色あいが印象に残っている。

ところで、クラシックのピアノ弾きにとって「亜麻色の髪の乙女」といったら、もちろん、フランス近代の大作曲家クロード・ドビュッシーの『前奏曲集第一巻』第八曲のことだ。タイトルのもとになったのは、高踏派の詩人ルコント・ド・リールの同名の詩。二十歳のころ、ドビュッシーはこの詩にもとづく歌曲を書き、ヴァニエ夫人という、年上の恋人だった歌姫に捧げている。ヴァニエ夫人が亜麻色の髪をもっていたか、さだかではないが、ドビュッシーはとにかく髪フェチだった。テキストに「髪」という単語が出てくると、異様に燃えるのである。

たとえば、世紀末詩人ピエール・ルイスの『ビリティスの歌』にもとづく同名の歌曲集の第二曲「髪」。

「ゆうべ夢を見た」と男は、恋人の少女ビリティスに言う。ビリティスの髪が自分の首に巻きついて、黒い首飾りのようになった。「その髪を愛撫していたら、それがぼくの髪になっていたのさ」というくだりでドビュッシーは、全音音階のねっとりした響きをひたすら上昇させ、むせかえるような官能的な雰囲気を演出している。

オペラ『ペレアスとメリザンド』でも、若い王子のペレアスが、兄嫁メリザンドの長い長い髪を愛撫しながら歌うシーンを、舌なめずりするようなタッチで延々と描きこんでいる。

ドビュッシーの髪フェチに関するエピソードをご紹介しよう。サンソン・フランソワの先生として知られるイヴォンヌ・ルフェビュールがドビュッシーの前でピアノを弾いたときのこと。

巨匠の作品をドキドキしながら弾き終えたイヴォンヌがおそるおそる感想をうかがうと、ドビュッシー先生、夢からさめたようなおぼろげな表情で、「ごめんなさい、あなたの髪があまりに美しくてピアノを聴いていませんでした」と告白したそうな。当時イヴォンヌは、身の丈ほどもある髪を頭のまわりにぐるぐる巻きつけていたのだ。

「亜麻色の髪の乙女」は、そんな作曲者のエピソードには知らんぷりして、とても清純でひっそりとしたたたずまいの作品である。

2　沈める寺

花の都パリ。その語源が「イス」という街だったことをご存じだろうか？「パール・イス」つまり、「イス」を超える街になりたい、という願いが結実したのがパリという街の名なのだ。

イスは、ワーグナーの楽劇で知られる『トリスタンとイゾルデ』のヒロイン、イゾルデの生まれ故郷、ブルターニュの海辺の街だった。

とても栄えた都で、住民たちは巨大なカテドラル（教会堂）を自慢にしていた。ところが、四、五世紀ごろ、悪魔にそそのかされた王女が水門をあけたため、一夜にして海の底に沈んでしまった。今も水辺にたたずむと、波間からかすかに僧侶の読経と鐘の音が聴こえてくるという。

ドビュッシーは、ルナン著『幼児期と少年期の想い出』という本で、ブルターニュに伝わるケルト民族の神秘的な伝説を読み、大いにこころ動かされたらしい。

『前奏曲集第一巻』の第十曲「沈める寺」も、この伝説にもとづいている。

ピアノの鍵盤のうんと離れたところで、高い音と低い音の和音が鳴らされる。これをペダルでのばしたまま、教会旋法による六つの和音が、軽い、軽いタッチで間を埋めていく。ちょうど水のおもてに波紋がひろがるように、六つの和音の余韻がくぐもったような響きでゆらゆら揺れる。

「波間からかすかに僧侶の読経と鐘の音」の部分は、すぐにわかる。鐘は、いつも同じ音でカーンと鳴らされる。ここは、指先をエンピツの4Hのようにとがらせて弾く。僧侶の読経は、指の腹のやわらかい部分を使ってそっと鳴らす。

このメロディは、日本の「さくら　さくら」と同じ陰旋法の音が使われている。なぜケルトの伝説で「さくら　さくら」なんだかよくわからないが、とにかくそうなのだ。

ドビュッシーは徹底的にカテドラルを意識していたようで、譜面をちょっと離してながめると、どの小節もさまざまな様式による教会のアーチを描いているという。

　私がいちばん好きなのは、海の水がどんどん盛りあがって、海の中からオルガンを思わせるフォルティッシモの和音がせりあがってくるところだ。バスもボーンと鳴り響く。

　イスの街のカテドラルは、他の人々へのみせしめのためにときどき海の上に浮かびあがるというから、そこを表現したのだろう。

　一度、この部分の夢を見た。波の上に鐘つき堂の先端の十字架が見えて、それからたくさんの塔があらわれて、とうとう目の前に大伽藍がそびえたった。壮観だった。


「沈める寺」は、ドビュッシー自身が初演している。パリ音楽院のピアノ科にいたこともあるドビュッシーは、とてもピアノが上手だったのである。大きくてよくひろがる手で、とくに和音をつかむのが得意だった。

　一九一〇年五月二十五日、エラール社製の古い楽器を使ってドビュッシーが

「沈める寺」はじめ四曲の前奏曲を弾いたとき、聴いていた人は、なんてデリケートなタッチだろう！　鍵盤をなでるように、かすかな余韻まで美しく響かせている、と感嘆したのだった。

ドビュッシーがピアノ・ロールに録音した「沈める寺」のCDも出ている。こちらは、一九一三年。深々とした演奏で、とてもステキだ。でも、ちょっと変なところがある。

海の上にせりあがった寺院がふたたび海の底に沈み、もう一度浮かびあがる気配をみせるあたり、左手も右手も鍵盤の上のほうで弾いていて、バスだけが最下方にあって急いでとびつかなければならない部分は、誰にとっても難所だ。はずしやすいので緊張する。

ところが、ドビュッシーはこの部分の音型を変えてしまって、先にバスを出しておいてゆったりと上に行けばいいように弾いているのだ。これなら、楽だ。和音の中でも、楽譜に書いていないシャープやナチュラルをつけてしまったり。

作曲家の特権だなー。

「楽譜通りに弾きなさい！」と先生から叱られて育った私は、ちょっぴり嬉しかった。

3　ミンストレル

ドビュッシーの『前奏曲集第一巻』の第十二曲「ミンストレル」を「吟遊詩人」と訳しているCDがかなりある。

冗談じゃねーよー、と思って辞書をひいてみた。「吟遊詩人」とは、各地を放浪して歌唱演奏する詩人音楽家のこと。十一〜十三世紀南フランスを中心としたトゥルバトール、十二〜十四世紀ドイツのミンネゼンガーは貴族や騎士階級だったが、彼らに仕えた職業音楽家はジョングルールと呼ばれたという。

次に「ミンストレル」をひいてみると、語源はフランス語のメネストレルで、貴族の吟遊詩人から大道芸人的なものまで多様な意味をもつ、と書かれている。

起源は十二世紀にさかのぼるらしい。ヘンリー二世とフランスのエレオノール・ダキテーヌとの結婚によって北フランスの一部がイギリスに併合され、その地のメネストレルが南イングランドに移住して英語風にミンストレルと呼ばれた。のちに「王のミンストレル」として特許状をもった団体になり、イギリス音楽の発展に重要な貢献をした、とある。

ふーん、じゃ、あながち間違いでもないんだ。でも、ドビュッシーのミンストレルは、もうひとつの意味、アメリカの音楽演劇団「ミンストレルズ」のことなのである。ルーツは一八二〇年代に南部の農場で発生した「ミンストレル・ショー」で、一八四三年からは「ヴァージニア・ミンストレルズ」という楽団が人気を博した。

何をやったかというと、白人なのに顔を黒く塗り、バンジョーやカスタネットを使って黒人のダンス音楽を演奏したり、歌と踊りをまじえた道化芝居を演じたりしたという。そういえば、昔、顔に靴ずみを塗って歌うシャネルズというバンドがあったっけ。

「ミンストレルズ」は本国だけではなくヨーロッパ各地にも巡業してまわった。このあたりは、「放浪芸術家」の「ミンストレル」と変わりない。ドビュッシーは一九〇五年夏、避暑先のイーストボーンで「ミンストレルズ」のショーに接している。

ドビュッシーは、けっこう寄席《よせ》やミュージックホールの出し物が好きで、ロートレックが出入りしていた「レノルズ」というカフェでは、「フーティトとショコラ」という道化師がお気に入りだった。モンマルトルのレビュー小屋「フォリー・ベルジェール」にも通いつめ、照明の効果を駆使したロイ＝フラーの「螺旋ダンス」に夢中になった。この「螺旋ダンス」でロイ＝フラーが使った透明なヴェールから、『前奏曲集第一巻』の第二曲「帆（ヴェールの意味もある）」が生まれた。

ここで問題になるのは、聴くほうにせよ、弾くほうにせよ、イメージのもち方である。宮廷で優雅に音楽を奏でる吟遊詩人と、トンボを切ったり滑稽な寸劇を演じたりする「ミンストレルズ」とでは、どう考えても合わせる周波数というものが違うではないか。

穿《うが》った見方をすれば、「吟遊詩人」と訳す人は、ドビュッシーを、あくまでもお上品なおふらんすの音楽の中にとじこめておきたいのかもしれない。

というわけで、勝手にシナリオをつけて、ドビュッシーの「ミンストレル」を解説してみよう。

イントロは、バンジョーをかきならしたり、間《あい》の手にドラムを入れたりしているところ。装飾音を鋭く入れたりわざとばらしたり、間《ま》をあけたりつめたり、目いっぱい遊んでほしい。

左右の手が激しく交替するところは、芸人がトンボを切っているのかな？　そのあとのスタッカート部分は、タップダンスかもしれない。テンポがゆるんだところで、低音にベースのピツィカートがあらわれ、三本の管楽器がものうげなモティーフを吹く。ドビュッシーが楽譜に書いた指示は「バカにしたように」。

「ドラムのように」と書かれた大音量の連打音がとだえると、突然安っぽい寸劇がはじまる。ジャックとベティが大急ぎで愛を告白し、大げさな身ぶりで抱き合う。でもすぐに茶化したようなモティーフに邪魔されてしまう。

長ーいフェルマータのあと、装飾音の主題が再現され、ドラムの連打音が回想され、最後に全員がトンボ返りしておしまい。
チャンチャン。

4　アナカプリの丘

ドビュッシーの『前奏曲集第一巻』は、まるで音楽による観光案内のようだと思っているのは私だけだろうか。「デルフィの舞姫たち」は古代ギリシャの聖地デルフィ、「とだえたセレナーデ」はモール文化花咲いたスペインのグラナダ、「沈める寺」は、一夜にして海の底に沈んだといういい伝えのあるブルターニュの町イスを舞台にしている。

「アナカプリの丘」の舞台は、青の洞門で知られる南イタリアのカプリ島である。

カプリ島の歴史は古く、初代ローマ皇帝アウグストゥスが別荘地として購入したのが起源だという。千代田区と同じぐらいの面積で、カプリとアナカプリという二つの町がある。

私が行ったときは、ナポリ港から「青の洞門ツアー」というボートに乗った。赤銅色に日焼けしたおじさんが、魚もおいしい、景色もきれい……と勧誘にきたものの、かんじんの青の洞門は「波が荒い」という理由ではいれなかった(単に面倒くさくてはいらなかっただけかもしれないが、船頭さん次第なのでどうしようもない)。

でも、アナカプリの町はおもしろかった。

バロック様式のサン・ミケーレ教会は、マヨルカ焼きのタイルを敷きつめてアダムとイヴの楽園追放を描いた床が見どころだ。

中心部のヴィットリア広場からはリフトが出ていて、カプリ島で一番高い山、モンテ・ソラーロの頂上まで十分ぐらいで登ることができる。スキー場にあるようなチェア・リフトで、まわりに保護するものが何もなく、足をのばすと地面についてしまいそうで何だかこわかったのを思い出す。

ドビュッシーの「アナカプリの丘」は、五音音階の鐘の音で始まる。サン・ミケーレ教会の鐘だろうか……。これが重要なモティーフ。

鐘のモティーフがペダルで長くのばされている間に、もうひとつの重要なモティーフ、タランテラの断片が上から降ってくる。

手のポジションがすばやく変わるので、弾きにくいところだ。

タランテラというのはナポリの民族舞踊で、毒ぐもを意味する「タランテュラ」からきているらしい。タンバリンを打ち鳴らす女性の群舞で、毒ぐもに刺されてころげまわっている人をあらわすとも、治療するための踊りとも言われる。タランテラを踊るとどうして毒ぐもに刺された傷が治るのかよくわからないが、とにかく八分の六拍子でころげまわるような感じの音楽だ。

タランテラがおさまったところで、「民謡のように自由に」と書かれたメロディがあらわれて、ひとしきり高らかに歌われたあとテンポは遅くなり、二拍子と三拍子が交錯するなか、いかにもナポリの伊達男が口ずさみそうな甘い旋律がしどけなくゆれる。

ここは本当に「ゆれる」ので、メロディの一本は六つ、もう一本は二つ、それを支える伴奏は三つの音で、三本がつかず離れず、誘ってしかけてみたり、ふっと間をあけたりで、かけひきの方法はいくらでもある。

翻弄されていい加減もみくちゃになったところで、冒頭の鐘が静かに鳴り、タランテラが沸き起こって音楽はふたたびわいわい騒ぎになる。

ところでドビュッシーは、若いころローマには留学しているが、アナカプリには一度も行ったことがないという。ついでにグラナダにもデルフィにも行ったことがないというから、まるで見てきたように観光地を描く想像力と描写力にはびっくりしてしまう。

5　水の精――オンディーヌ

ドビュッシーの『前奏曲集第二巻』「水の精」は、ちょっと変わった曲だ。のっけから、何調だかよくわからない音の固まりが出てきて、右手と左手がひんぱんに交替し、するどいアルペジオではじけたかと思うと、これまた調性不明のカデンツァふうのパッセージになり、やっとニ長調の基音に落ち着くものの、メロディはレ―ミ―ファ♯―ソ―ラの長音階ではなく、レ―ミ―ファ♯―ソ♯―ラのリディア旋法で歌われる。

イメージ源になったのは、アーサー・ラッカムというイギリス十九世紀末のイラストレーターの絵本『ウンディーネ』である。ラッカムはオーブリー・ビアズリーなどの仲間うちにいた人物なので、絵本といってもけっこうグロテスクで、シャープな線と微妙な色づかいに特徴がある。

主な作品としては、ワーグナーの『指環四部作』やアンデルセン童話集、シェイクスピア『真夏の夜の夢』、ジェームズ・バリ『ケンジントン公園のピーター・パン』。一九〇五年に誕生したドビュッシーの愛娘シュシュはこのラッカムのイラストが大好きで、パパ・ドビュッシーはせっせと彼の挿絵入りの童話集を買いあさった。

『ウンディーネ』の原作は、ロマン派の作家ド・ラ・モット・フケーの小説。水の精にまつわる甘美な物語である。

深い森の奥の湖に突き出た岬に一軒の貧しい漁師小屋があり、騎士フルトブラントが迷いこんでくる。騎士は、ベルタルダという美しい侯爵令嬢から肝試《きもだめ》しとして森を探検してくるように命じられ、嵐に襲われてしまったのだ。

小屋には漁師の老夫婦が、ウンディーネという十七歳の少女とともに暮らしていた。ウンディーネは湖の王の娘で、人間の男と結婚するために漁師小屋に送りこまれ、養女として育てられたという。

不可思議な魅力をたたえたウンディーネの虜《とりこ》になったフルトブラントは、婚約者がいることも忘れて彼女と結婚する。しかし、何しろ超自然界の生きものだから、彼女のそばには変幻自在に姿を変えるキューレボルンという河の神がついていて、ときどき威嚇するように姿をあらわす。フルトブラントはだんだん薄気味悪くなり、ライン河を下る船の上でウンディーネと水の一族をののしってしまう。

水の精の音楽というと、ラヴェルの『オンディーヌ』を思い浮かべる人が多いだろう。ドイツ語ではウンディーネ、フランス語でオンディーヌという水の精は、どちらもラテン語で波をあらわす「ウンダ」からきている。

十六世紀の錬金術師パラケルススは、こんなことを書いている。水の精は妖精だから、最後の審判のときは塵になって世界をさまようことになる。しかし、人間の男と結婚すれば、自分も永遠の魂を得ることができる。ラヴェルのオンディーヌもフケーのウンディーネもこれをねらっていたのである。

人間と水の精との結婚にはいくつかのタブーがある。日本のトヨタマヒメは、お産をする姿をみられたので龍宮城に帰ってしまった。フランスのメリュジーヌは土曜日ごとに腰から下がヘビの姿に変わるところを、やはり夫に見られて姿を消す。

ウンディーネの場合は、夫に水のそばでののしられたりぶたれたりすると、水の底に帰らなければならない。そして、別れた男が人間の女性と結婚すると命を奪うさだめにある。フルトブラントとベルタルダの結婚式の日、井戸から噴水となってあらわれたウンディーネは、泣きじゃくりながら元夫に死の接吻を与える。

ドビュッシーの「水の精」には、こうした悲恋物語の雰囲気はない。むしろ、おきゃんな妖精少女ウンディーネの雰囲気で、水の性質そのままに気が変わりやすく、気にいらないことがあると水をひっかけたり、するするっと逃げていってしまったり、そうかと思うと脚を踏みならして挑発的なダンスを踊ったり、野性児の魅力たっぷりだ。

でも、とにかく水の精だから、やっぱり危険きわまりないのだ。突発的な動きが多く、すべての動作をあらかじめ準備しておけない「水の精」は、ラヴェルの『オンディーヌ』とはまた違ったむずかしさがある。思わぬところで足（じゃなかった、指）をとられ、もつれたりころんだり。

ほーらしくじった！　水の上で手をたたいてよろこんでいるウンディーネの姿が目に浮かぶようだ。

6　西風の見たもの

ドビュッシーの性格には、とても子供っぽいところがあった、と、『ペレアスとメリザンド』を初演した歌手のメアリー・ガーデンは語っている。

「彼は、子供向けの絵本やおとぎばなしを好んでいた」

ドビュッシーが四十三歳のときに誕生した愛娘シュシュがアーサー・ラッカムの絵本の大ファンだったことは前節で書いた。一九一二年、親友のロベール・ゴデからラッカムのイラスト入りのアンデルセン童話集を贈られたドビュッシーは、「昔なじみのラッカム」が彼女を有頂天にさせたと礼状を書いている。

でも、パパ・ドビュッシーは、シュシュが生まれるずっと前からアンデルセンに親しんでいたのだ。一八九六年ころ、劇作家の卵ルネ・ペテールが、アンデルセンの『ある母親の物語』を翻案した戯曲『死の悲劇』をたずさえてドビュッシーのもとを訪れた。

『ある母親の物語』は、ベストセラーとなったエンデの『モモ』にちょっと似たところのある、感動的なお話だ。

寒い冬の夜、病気の坊やを看病している母親のところに、死神がやってくる。死神は、三日三晩寝ていなかった母親がちょっとうとうとしたすきに坊やをさらっていってしまう。坊やのあとを追って雪の中に飛び出した母親は、死神の行く先を教えてもらうかわりに茨《いばら》を抱きしめて血を流したり、「夜」に子守唄を全部歌ってきかせたり、湖の上を渡してもらうためにふたつの大きな目を失ったりして、ようやく死神の温室にたどりつく。

そこには、それぞれの命をあらわす花々が咲いていた。坊やの花は小さな青いサフランで、今にもしおれそうにうなだれていた。

錯乱した母親は、坊やを返してくれないなら他の花を全部引き抜いてしまうと叫ぶ。しかし死神は、湖の底から拾ってきた目を母親に返し、それぞれの花に託された人生を見せてやる。神さまのみ心に逆らうことなどできないと悟った母親は、死神に坊やを託す。

『死の悲劇』を読んですっかり気に入ってしまったドビュッシーは、有名な出版社から出版させたり、舞台で上演するときのために「子守唄」を書いたりしている。

『前奏曲集第一巻』の「西風の見たもの」も、アンデルセンの『楽園の庭』という童話にもとづいている。こちらはうってかわって愉快な話だ。

何不自由なく育った王子は、本で読んだ「楽園」の話にあこがれ、いつか行ってみたいものだと思っていた。もしイヴが知恵の木の実をもがなければ、アダムがそれを食べなければ、「楽園」は地の底に沈まなくてすんだのに。

ある日、森に遊びに行った王子は大雨にふられ、洞穴に迷い込む。そこは風穴で、肝っ玉母さんみたいな母親が、東西南北の風の息子たちと一緒に暮らしていた。

原始林を吹き荒れて風穴に戻ってきた西風は、熱帯の草原でトンボ返りしたり、風の力で水牛を吹き飛ばして滝壺に叩き落としたり、といった武勇談を語る。母親にキスしようとすると、さしもの肝っ玉母さんもひっくり返ってしまうほどの荒くれ者なのだ。

ドビュッシーの書いた「西風の見たもの」もまた、この作曲家にしては珍しく荒々しい音楽だ。冒頭は「ざわざわと騒がしく」という指示どおり、沸き立つ水のようなアルペジオではじまる。波頭がぎらりと光り、やがて大きなうねりとなって襲いかかってくる。

中間部には波のとどろきのようなトレモロがあり、少しテンポが落ち着いたあと、「苦悩に満ちて」と書きつけられたオクターヴの旋律があらわれる。トレモロはやがて和音の激しい交替に発展し、息もつかせぬクライマックスに達する。

ところで、アンデルセンの物語では、主役を演じるのは東風である。東風の背中に乗って、待望の「楽園」を訪れた王子は、世にも美しい姫君に会う。姫君は王子に、毎晩あなたと別れるとき、「ついてらっしゃい!」と誘うけれど、決してその通りにしてはならない、でないと、「楽園」はふたたび地の底に沈んでしまうだろうと言う。

そしてもちろん、王子は誘惑に負けてしまうのだ。

たちまち恐ろしい雷鳴がとどろき、あらゆるものががらがらとくずれ落ちる。ちょうど、ドビュッシーが書いた「西風の見たもの」のクライマックスのように。

7　雪の上の足跡

国際コンクールの審査でカザフスタンに行ったら、雪が降っていた。

ホテルのドアの外に出ると、審査員の誰もがおーっと首をすくめる空気の冷たさだ。

コートの襟を立て、毛皮の帽子をかぶり、手袋をはめた手をポケットにつっこみ、ブーツの先で踏むときゅっ、きゅっと片栗粉のような音がする雪の上を歩く。

さっと風が吹いて雪が舞った。

誰かが「雪は踊っている……」とつぶやき、小さな笑い声が起こった。

ドビュッシーの作品には、雪をテーマにしたものが案外多い。

「雪は踊っている」は、ピアノのための組曲『子供の領分』の中におさめられている。右手一本でミ、ファ、ソ、ラ……という並びの音が軽やかなスタッカートで弾かれたあと、ちょうど半拍遅れで同じ音型の左手がはいってくる。

この部分の弾き方は、ピアニストによっていろいろだ。ミケランジェリは凍りついてしまったようなぶつ切れの雪を弾く。フランソワはふわふわと羽根のように軽い雪を弾く。

しかし、同じ音型がピエール・ルイスの詩による歌曲集『ビリティスの歌』の第三曲「ナイアッドの墓」の伴奏部分に出てくるときは、重くるしいベタ雪のように弾かなければならない。

ピエール・ルイスの原詩は、古代ギリシャの女詩人の一代記を短い詩の連作であらわすという形をとっている。第一部「パンフィリーの牧歌」は、清純な少女時代のビリティスだ。牧場で家畜の世話をしていたビリティスは、羊飼いの美青年リュカスに恋をする。母親の目を盗んで逢いびきを重ねたビリティスは、ある日、妊娠していることに気づく。

「ナイアッドの墓」は、ビリティスが赤子をあやす「子守唄」のあとに置かれている。

「霧氷に覆われた森に沿って歩いていた。
口にかかったわたしの前髪には、細かな氷片が花を咲かせ、
泥まじりの雪にまみれて、サンダルは重たかった。
あの人がこう聞いた。『何を探しているんだい?』
――『半獣神の足跡をたどっているの。二股に分かれた
小さな足跡が、真っ白なマントの穴みたいに交互に続いているわ』
あの人はこう言った。『半獣神は死んでしまったよ』」(鈴木信太郎訳)
恋の終わりを象徴するような冷え冷えした風景だ。

ドビュッシーは、『前奏曲集第一巻』の第六曲「雪の上の足跡」を作曲するとき、この詩の一節を念頭に置いていたにちがいない。

レ、ミ、ファという並びを、三連音符とタイを組み合わせた不思議なリズムでつないだモティーフの下には、こんなふうに書かれている。

「このリズムは、哀しく凍《い》てついた景色を響きの音価であらわしたものであ

る」

『子供の領分』の「雪は踊っている」も、決して牧歌的な曲ではない。作曲のヒントになったのは、ドビュッシーが親しくしていた詩人ポール・ジャン・トゥーレの小説『ポール氏』の一節だという。

雪にふりこめられた家の中で、窓に額をくっつけて座り、ガラスの曇りを指で拭きながらじっと降りしきる雪を見ている少女。

よくある情景だが、実はこの少女は、かどわかされて恐ろしい城に幽閉され、救い出されたばかりなのだ。

中間部で同じ音が三連音符で重ねられるモティーフを、私は「雪女の叫び」と呼んでいる。とすれば、鍵盤の下の方でくぐもったように弾かれるメロディは雪男の歌だろうか?

私のこんな連想があながちピントはずれでもないのは、サスペンスドラマなどでヒロインが追い詰められるシーンになったとき、「雪は踊っている」に似た音型がさまざまにアレンジされて使われていることからもわかるだろう。

8　パゴダ

ドビュッシーは東洋に行ったことがない。でも、東洋ふうのペンタトニック（ドーレーミーソーラのような五音音階）を多く使い、東洋ふうの音楽をたくさん残した。『映像第二集』の第二曲「しかも月は廃寺に落ちる」のスケッチでは、ペンタトニックにもとづくメロディの上に「ブッダ」と書きつけられているが、この作品のイメージ源はカンボジアのアンコールワット寺院だと言われている。

『版画』の第一曲には、そのものズバリ、寺院の塔をあらわす「パゴダ」というタイトルがつけられている。

ガムランのオーケストラっぽく、バスドラムがボーン、鈴がシャリーン、鐘がチーン……といった前奏のあと、右手に出てくる旋律は、ガムランのスレンドロ音階そっくりだ。

それから、これもペンタトニックがからみあい、東洋ふうの四度（ド―ファのような音程）が重ねられる中間部。

この四度の連続は、一九一三年に手がけていた未完の東洋ふうバレエ『ノ・ヤ・リまたは沈黙の宮殿』のスケッチにも出てくる。

ジョルジュ・ド・フールが書いた『ノ・ヤ・リ』の台本はこんなお話だ。古代中国のある島の王子は、生まれつき耳が不自由で口がきけなかった。運命を呪った彼は、宮殿に住むすべての人々にも沈黙を強いる法律をつくった。ところが、捕虜として宮殿に住んでいた小さな王女ノ・ヤ・リには、この法律は耐えがたかった。

王女を深く愛していた王子は、「奇妙な鐘や水平のハープ」と「低い音のドラム」からなるガムランのオーケストラを伴奏に、「愛の炎のバレエ」を踊って愛を伝えるが、王女は首をふってきいれない。ついに王子は、ノ・ヤ・リをよろこばせるために沈黙の法律を解除し、宮廷は喜びに包まれた。

ドビュッシーは若いころ、パリの万国博覧会でジャワやカンボジアの舞台に接して、すっかり夢中になってしまった。

一九一三年二月十五日付のある新聞記事で彼は、「ジャワの音楽は、パレストリーナの対位法のごとき、これに比べれば児戯に等しいような一種の対位法を含んでいる」と書いている。

「安南人は萌芽状態のオペラとでもいったものを演じる。それは中国の影響を受けた歌謡劇で、三幕の形態をおびている。ただし、神の数はずっと多く、その反面、舞台装置は簡単だ。怒ったような音を出す小さな笛が感興を盛り上げ、タムタムが畏怖を深味のあるものにする」（ドビュッシー『音楽のために』杉本秀太郎訳）

十九世紀末のパリではオリエンタリズムが流行していた。とくに絵画の世界は、中国や日本の美術を知って強い刺激を受け、新しい発展をとげた。遠近法にゆきづまりを感じていた画家たちは、広重や歌麿の版画の独創的な構図や単純化された線、平面分割法をとりいれた。ドガの踊り子のデッサンは『北斎漫画』にヒントを得たものだし、ゴッホやゴーガンの絵には、浮世絵をそのまま使ったものもみられる。

音楽の世界でも、同じようなことが起きた。作曲で遠近法に当たるのは、長調、短調の違いをくっきり分けたり、コードを立体的に組み立てたりする技法だが、十九世紀後半には飽和状態になってしまい、作曲家たちは新しい方法を捜していた。そのよりどころのひとつとなったのが東洋の音楽で、ドビュッシーはジャポニスムをとりいれた最初の作曲家だった。

ドビュッシーは、短調のかわりに全音音階を使ったり、東洋ふうの五音音階を使ったり、四度を重ねたりして調性感がなるべくあいまいになるように工夫し、並列的でスタティックな音楽をつくろうとした。

ドビュッシーの死後、メシアンやジョン・ケージ、クセナキスがこぞって東洋の旋法やリズムを作品にとりいれるようになるが、ドビュッシーはその先駆者だった。

ドビュッシーの作品を私たち日本人が弾くと、どこかなつかしい感じがするのは、こんなところからきているのかもしれない。

9　スペインもの

ドビュッシーの作品には、いわゆる「スペインもの」が多い。『管弦楽のための映像』の「イベリア」、ピアノ組曲『版画』の「グラナダの夕」、そして『前奏曲集第一巻』の「とだえたセレナーデ」、『同第二巻』の「ヴィノの門」。

二台ピアノのための組曲『白と黒で』も、書きはじめのころはゴヤの版画集にちなんで『カプリス』（『カプリチョス』のフランス語読み）と呼ばれていた。

エディターのデュランへの手紙でドビュッシーは、『カプリス』の第二曲の色あいを少し明るくしたと告げ、その理由を「あまりに黒のほうに押し流されて、ほとんどゴヤの『カプリチョス』と同じぐらい悲劇的になってしまったからです」と説明している。

別の友人への手紙では、「これらの作品は、色彩や感動を脱色しようとした結果、ベラスケスの灰色にまでなりました」と書いているが、これもスペインの画家である。最終的なタイトルに使われた「白と黒」も、ピアノの鍵盤ではなく、絵のほうの「白と黒」のことだろう。

若いころのドビュッシーは、スペインをテーマにオペラを書こうと試みたこともある。コルネイユ『ル・シッド』に取材した『ロドリーグとシメーヌ』は、スペイン版ロメオとジュリエットみたいな話で、敵対関係にある名家同士の息子と娘が愛し合ってしまうというストーリー。文豪バルザックの短編にもとづく『ラ・グランド・ブルテッシュ』は、誇り高いフランス貴族が、姦通の罪を犯した妻を罰するために、スペイン人の間男を生きたまま壁の中に塗り込めるという、エドガー・アラン・ポーの『黒猫』を思わせる怖いお話だ。

こんなエピソードからもわかるように、ドビュッシーの「スペインもの」には、優雅でおしゃれなフランス文化にはみられない、ちょっとグロテスクな、ちょっとおどろおどろしい雰囲気が漂っている。

ピアノ曲の「スペインもの」は、三曲ともグラナダがらみである。ここは長くアラブ人の支配下にあり、十三世紀に建てられたアルハンブラ宮殿は、モール文化の粋《すい》を凝《こ》らした美しいアラベスク（文字通りアラブ風の……という意味の唐草文様）で飾られている。

前奏曲のタイトルになった「ヴィノの門」は、アルハンブラ宮殿の入場門のひとつで、スペインの作曲家ファリャからもらった絵ハガキにヒントを得たらしい。ドビュッシー自身は一度もスペインに行ったことがなかったのに、本物のスペイン人よりスペイン的な音楽を書いたと、ファリャを驚かせた。

「ヴィノの門」の曲頭には、「非常な凶暴さと情熱的なやさしさの唐突なコントラストをもって」と書かれている。「凶暴さ」は、叩きつけるようなタッチではじまるハバネラのリズム、「情熱的なやさしさ」は、その上にはいってくるアラブ風のメロディであらわされるのだろう。しかし、スペインふうの「情熱」は、たとえばホセを破滅させたカルメンのように、めらめらと燃え上がって対象を焼きつくしてしまう危険をはらんでいる。

「とだえたセレナーデ」は、アルハンブラ宮殿の裏手にあるジプシーの居住地「アルバイシン地区」からもれ聞こえてくるさまざまな〝音〟たちのコラージュだ。ギターをつまびく音、フラメンコの手拍子と足ぶみ、地声で歌われるメリスマふうのパッセージ。そこに突然割ってはいる『管弦楽のための映像』「イベリア」の一節。

アルベニスのピアノ組曲『イベリア』第三巻にも「エル・アルバイシン」という名曲がある。ドビュッシーはこの組曲を愛し、いつもかたわらに譜面を置いてときおり奏でていたという。『イベリア』の第三巻は一九〇六年、つまり『前奏曲集第一巻』の三〜四年前に書かれているから、ドビュッシーも大いに参考にしたにちがいない。

その前年、パリに出てきたファリャは、ドビュッシーのもとを訪れている。あこがれの大作曲家に会ったファリャはすっかりどぎまぎしてしまい、言うことが見つからなくて「私、ずっとフランス音楽が大好きでして……」とつぶやいた。

するとドビュッシーはにこりともせず、「そうですか。私はまた、そいつが嫌いでね」と答えたとか。

10　デルフィの舞姫たち

ギリシャは、新婚旅行のときに行った。アテネを見物したあと、バスで三時間半ゆられてパルナソス山の聖地デルフィに足をのばす。ドビュッシー『前奏曲集第一巻』の最初の曲、「デルフィの舞姫たち」の舞台を見てみたかったからである。

神々のいますパルナソス山は、下から見上げると青くけむって、こころなしか霊気がたちこめているようだった。

聖域の中腹につくられた古代劇場がきれいだった。スロープを利用した階段がそのまま座席になっている。

少しずつ階段をおりると、まわりから観客の拍手がきこえてくるような気がした。演奏家の常として、舞台に立つとついついピアノを弾いてしまいたくなる私は、そこに楽器を運びこんで演奏する情景を夢想した。すりばち状の古代劇場は非常に音響効果がよいから、ピアノの音もきっときれいに響くにちがいない。

ドビュッシーの「デルフィ」は、アポロンの神殿に仕える巫女《みこ》たちが、ゆったりした三拍子のリズムにのってしずしずと歩む様子をあらわした曲である。

その神殿は、円形劇場の少し上にある。ドーリア式の柱は六本しか残っていないが、アテネのイオニア式の優美な曲線に比べると、どっしりした無骨な柱だ。

アポロンに仕える巫女たちはカスタリアの泉で身を清めたあと、神殿の奥の院でローリエの葉をいぶし、大地の裂け目の上に置かれた三脚台に坐って、裂け目から吹き出る神のいぶき「プヌーマ」を吸い込んで錯乱状態におちいったといわれる。そばにいる神官がそのうわごとを「お告げ」として書きとった。

しかし、ドビュッシーの舞姫たちの荘厳な歩みを聴くと、とても錯乱状態にあるようには思えない。

ギリシャに旅行したことのなかったドビュッシーは、ルーブル美術館の展示品から作品の霊感を得た。直接のイメージ源になったのはカリアティードの柱で、実際にデルフィの聖域で発掘されたものである。イオニア式の柱の上にドレープのある衣装をまとった巫女たちが立っている彫像だ。

ところで、この巫女たちは太陽神アポロンではなく、酒の神ディオニュソスに仕えているという。ディオニュソスの巫女といったら、地中海地方を放浪する神のあとにつき従って、酔っぱらいながら踊る狂乱の集団として有名だ。ますますわからなくなってきた。

ジャン・ミシェル・ネクトゥが書いた『ドビュッシー　音楽と美術』という本を読んだら、こんなことが書いてあった。

デルフィの神殿はアポロンに捧げられているが、同時にディオニュソスにも捧げられている。太陽がのぼる方に向けられた神殿の表ファサードにはアポロンが宿り、雪をいただいたパルナソス山を眺めている。太陽の沈む方に向いた裏ファサードにはディオニュソスが宿り、海を眺めている。冬の間、太陽の光が弱くなると、アポロンは休暇をとって神殿の谷にひっこみ、デルフィはディオニュソスの支配下になる。

アポロンにせよ、バッカスにせよ、巫女たちは「錯乱」するわけだが、ドビュッシー自身は作品にそうした雰囲気を一切もちこまなかった。

「デルフィの舞姫たち」は、他の何曲かの前奏曲とともに、一九一〇年五月二十五日、独立音楽協会でドビュッシー自身によって初演された。

ドビュッシーの演奏を聴いたマルグリット・ロンは、彼の解釈について「ゆっくりと、ほとんどメトロノーム的な精密さをもって弾いていた」と回想している。

「その響きはふんわりとやわらかく、儀式じみた密度をともなっていた。浅いレリーフが浮き彫りにするものは、踊り子というより女司祭じみた雰囲気を漂わせていた」

ドビュッシーの弾く「デルフィ」は、アポロンの巫女の錯乱もディオニュソスの巫女の狂乱も遠い昔になった聖域の静かなたたずまいを想起させたにちがいない。

II

11　月の光

ドビュッシーのピアノ曲でいちばん有名なものといったら、『ベルガマスク組曲』の第三曲「月の光」ではないだろうか。甘美な曲なので、単独でもよく演奏される。

甘美ではあるが、決して甘ったるい内容ではない。ゆるやかにらせんを描きながらどこまでも下降していくメロディには、はかなげな、滅びの美学のようなものが漂っている。

もとになったと思われるのは、フランス象徴派の詩人ヴェルレーヌの「月の光」だ。

お前の心はけざやかな景色のようだ、そこに

見なれぬ仮面《マスク》して仮装舞踏のかえるさを、
歌いさざめいて人等行くけれど
彼らの心とてさして陽気でないらしい。（後略・堀口大學訳）

歌われているのは仮装舞踏会に出席した人々だろうか、それとも、月明かりの道を次の興行地に向かう旅役者たちだろうか。

「月の光」は『雅びなる宴』という詩集の一篇である。「雅びなる宴」とは、十八世紀の宮廷でおこなわれていた貴族の優雅な宴のことで、運河に贅《ぜい》を凝らした舟を浮かべ、イタリア喜劇（十六世紀に発生した即興仮面劇）の役者たちがさまざまな余興で座をもりあげた。

イタリア喜劇の役者にはベルガモ出身者が多かった。なまりがひどく、ただしゃべるだけで笑いがとれたからだという。「ベルガモの」というような意味の「ベルガマスク」と、「仮面」のフランス語である「マスク」をひっかけて韻をふんだのが、ヴェルレーヌの「月の光」というわけだ。

『雅びなる宴』が刊行されたころフランスは第二帝政時代だったが、フランス革命以降も政情は不安定で、文人たちは、フランスがもっとも光りかがやいていた太陽王ルイ十四世の時代に思いをはせていた。ヴェルレーヌの『雅びなる宴』にも、そんなアンシャン・レジーム(旧体制)への憧れの念がこめられている。

ドビュッシーは若いころ『雅びなる宴』からいろいろな詩を選んで歌曲を書いている。「マンドリン」「パントマイム」「あやつり人形」。そこには、背中に大きなこぶをつけたスカラムッツァや大きな鼻のプルチネッラ、ボローニャ生まれのお医者さんドットーレなど、イタリア喜劇のキャラクターがたくさん登場する。

役者たちは仮面をつけ、それぞれのキャラクターに扮してパントマイムを演じたし、マンドリンは彼らがセレナーデを歌うときにつまびいた楽器だ。

イタリア喜劇の代表的な道化といったら、ピエロとアルルカンだろう。二人のキャラクターは対照的だ。すばしこい道化のアルルカンは市松模様の衣装でこん棒をもち、トンボを切るのが得意だし、のろまな道化のピエロは白塗りの顔にだぶだぶの衣装を着け、いつもアルルカンにぽかぽかぶたれている。ピエロはカサンドルの娘コロンビーヌに恋いこがれているのだが、いつもアルルカンにとられてしまう。

やはり若いころのドビュッシーが音楽をつけたバンヴィルの詩にも、これらのキャラクターが数多く歌われている。「ピエロ」では、アルルカンの婚礼に出席したピエロが、タンプル通りで尻軽女を追いかける。「セレナーデ」では、アルルカンがコロンビーヌの部屋の窓辺でギターをかきならしながらセレナーデを歌う。

やはりバンヴィルの詩による「雅びなる宴」は、広大な庭園で開かれる宴の情景を歌った優美な作品だ。このメロディは、のちにピアノ連弾『小組曲』の「メヌエット」に転用された。やはり『小組曲』中の「行列」というタイトルは、ヴェルレーヌのほうの『雅びなる宴』の一篇からとられたものだろう。

やんごとなき貴婦人がお供をひきつれて宮殿の石の階段をしずしずとのぼっていく。赤い着物をつけた小姓は、手にかかげた晴れ着のすそを必要以上に持ち上げて中を覗こうとするし、金襴《きんらん》の衣装を着た猿は、高いところから彼女の襟元を覗こうとする、というようなユーモラスな詩だ。

こんな情景を思い浮かべて弾いたら、とてもおしゃれな演奏になるにちがいない。

12　雨の庭

ドビュッシー『版画』の第三曲「雨の庭」を弾いていると、思わず知らず和田アキ子がシャウトする次の歌詞を口ずさんでしまいたくなる。

どーしゃぶりーいの雨の中で……

「雨の庭」の左手に出てくるミーファ#ソラソファ#シというメロディが何となく似ているからだ。

ついでに、欧陽菲菲《オウヤンフィフィ》の『雨の御堂筋』の「ミーミミッ、ファ#ファ#ファ#ファ#ッ、ソッソッソファ#ミーファ#〜〜〜」のメロディラインも想起させる。

あぁー、雨といえば、八代亜紀の歌う「あーめぇあーめぇふぅーれーふぅーれ、もっっとふぅーれー……」好きだったなー（以上、歌謡曲大好きの青柳でした)。

ドビュッシーの「雨の庭」はしかし、日本の歌謡曲の雨のようにどしゃぶりだったりじとっと湿ったりしていない。いかにもパリの街の石畳の上に降るのにふさわしいような、からんとした雨である。

そういえば、雨が降ってもパリっ子たちはほとんど傘をささない。折り畳み傘を持っているのに、わざわざびしょぬれになって待ち合わせ場所に立っていたりする。何となく、「春雨じゃ、濡れてゆこう」のせりふのようだ(ついでに、ちゃんばら映画も大好きで、いちばん苦手なのがジャズと洋画である)。

ドビュッシーの「雨の庭」の中間部には、フランスでは誰でも知っているという童謡「もう森へ行かない」のフレーズが使われている。

「もう森へ行かない、なぜならお天気がとても悪いから」

作曲していて、表の通りから聞こえてきたポピュラーソングをちゃっかり曲の中に組み込んでしまったのはモーツァルトだが、ドビュッシーだって、そのあたりのお遊びはちゃんとこころえている。

実は、ドビュッシーはごく若いころ、この「もう森へ行かない」を使ってもう一曲ピアノ曲を書いている。長い間未出版だった『忘れられた映像』の第三曲「『もう森へ行かない』によるいくつかの様相」だ。

『版画』の「雨の庭」では、奥ゆかしく左手のゆったりした伴奏に乗せてこの童謡を歌わせているのに対して、『忘れられた映像』の第三曲はものすごいアップテンポの中で元気よく出してきて、それを何度も何度もさまざまに変奏して使っている。いわば、「もう森へ行かない」パラフレーズのような。

作曲されたのは一八九四年で、ドビュッシーが当時ひそかに心を寄せていたイヴォンヌ・ルロール嬢に捧げられている。このイヴォンヌの父親は、ドビュッシーの庇護者だった作曲家ショーソンの義兄で、有名な画家だった。当然、画家とのつきあいもあり、イヴォンヌの姿は、ルノワールやモーリス・ドニの絵にもとどめられている。

といっても、銀行のポスターにもよく使われるルノワールの絵ではとてもふくよかな娘さんだが、モーリス・ドニの絵では九等身ぐらいのスレンダーな美女。いったいどちらが本当の姿に近いのか、よくわからない。

『忘れられた映像』の第一曲はゆるやかでメランコリックな作品、第二曲は

「サラバンド」。楽譜を弾いてみた人は、おやっと思うにちがいない。『ピアノのために』の「サラバンド」と寸分違わぬ曲なのだ。いや、たった一ヵ所違うところがある。冒頭の和音の連続の中の音が微妙に異なっていて、背中の皮がよじれるような奇妙な響きがする。

「もう森へ行かない」パラフレーズには、歌曲もある。『忘れられた映像』の四年前に書かれた「森の眠り姫」で、テキストは、ドビュッシーが若いころ出入りしていた文学キャバレ「黒猫」の詩人、ヴァンサン・イスパ。

兜をつけた騎士が美女の眠る森へと向かう。指輪をはめたまま眠る美女は、騎士の来訪によって目ざめ、結婚する夢をみている。叙事詩ふうの構成の中で、「眠れ、美女よ」のリフレーンが子守歌のような効果をあげている。

グリム童話の『眠れる森の美女』のシチュエーションかと思ったら、ちょっと違うのである。騎士は美女にキスするかわりに指から指輪を抜き取り、リフレーンは「目をおさまし、美女よ。もう指輪はないよ」と呼びかける。

各節のしめくくりで、ピアノ伴奏が決まって「もう森へ行かない」を弾き、リフレーンの下にもぐりこんだあともゆりかごのようなリズムでそっと支える。

モンマルトルふうのしゃれたシャンソンで、こちらは森山良子さんあたりが歌ったら似合いそうだ。

13　五本指のための

ドビュッシーはチェルニーが嫌いだったらしい。

ピアノのための『十二の練習曲』第一番、「五本指のための」の冒頭には「チェルニー氏に倣って」と書きつけられている。

嫌いどころか尊敬していたんじゃないですかって？

ご冗談。

ドビュッシーというのは希代の皮肉屋で、言っていることや書いていることをそのまま受け取ってはならないのだ。

「五本指のための」の冒頭は、まさにチェルニーのエチュードよろしく、左手の五本指がハ長調の音階を弾いている。しかも「おとなしく」という表情記号までついている。

この曲を弾く人は、音大の学生さんでも偉い演奏家でも一律に、まるでピアノを習いたての子供のように、五本の指をおいっちに、おいっちにと動かさなければならない。ころばないように！　タッチをそろえて！　そんな先生のどなり声がきこえてきそうだ。

しかし、ドビュッシーはすぐにいたずらっ子の本領を発揮する。あいている右手が、ボクひまだもん、とでも言うように全然合わない音でボン。それに合わせて、それまでおとなしく何のへんてつもない音階を弾いていた左手も、ジーグ風のパッセージを弾きはじめる。

キーが変わってト長調になり、また左手が「おとなしく」音階を弾きはじめるが、すぐに右手がまぜっかえし、トランペットのようなパッセージをブイさせる。ついに左手もキレて、右手といっしょにあらぬ方向に行き、ジーグが発展してまじめな「ピアノのおけいこ」は台なしになってしまう。

ドビュッシーのチェルニー嫌いには理由がある。ピアノの手ほどきを受けた先生は、一説にはショパンのお弟子さんだったといわれる上流階級の婦人で、ドビュッシーにショパン特有のピアノ理論を教え込んだ。

「五本の指は長さもつき方も違うのだから、それを均等に動かそうと考えるほうがおかしい」とショパンは弟子たちに力説した。

「とくにチェルニーなどの教則本が全部ハ長調からはじまるのはナンセンスである」

見ての通り、ハ長調というのはすべての指が白鍵の上に乗る。しかし、指のほうの高さはまちまちだから、タッチをそろえるのは至難の業だ。親指にゴツンとアクセントがついたり、短い小指がよろけたり。

そのむずかしさを、ドビュッシーの「五本指のための」を弾くピアニスト全員が味合わされることになる。

ショパンは、長い三本の指が黒鍵に乗り、端っこの短い指は白鍵に落ちる「ミ—ファ♯—ソ♯—ラ♯—シ」という独特な音型を考え出し、自分の作品もそれにのっとって書いた。ショパンの作品には、妙にシャープやフラットがたくさんついた調性で書かれているものが多いのは、そのためだ。

音階も、黒鍵が多い嬰《えい》ヘ長調や変ニ長調を最初に練習し、シャープやフラットを徐々に取っていって、最後に「いちばんむずかしい」ハ長調を練習するように指導していた。

実は、ドビュッシーの「五本指のための」にも、ショパンが考案した音型が出てくる。中間部の左手に出てくる「ファ♭―ソ♭―ラ♭―シ♭―ド♭」がそれで、エンハーモニック転換すればさっき書いた音型と同じ音になる。

そして、曲の終わりは、変ニ長調で書かれた快速の音階でしめくくられている。「五本指のための」じたいはハ長調なのに、わざわざ変ニ長調の音階。

長い指が黒鍵に乗り、短い指は白鍵に落ちる、この音型なら、こんな速さでも無理なく指を走らせることができるでしょう？　とでもいうように。

「自分は、ショパンのお弟子さんから直伝の秘法を習ったのだ」というドビュッシーのひそかな自負が伝わってきそうだ。

14　グラドス・アド・パルナッスム

小学校六年生になる姪がピアノを習っている。たまには毛色の変わったものを……と、先生が『子供の領分』の第一曲「グラドス・アド・パルナッスム博士」を課題にくださったらしい。

最初のうちはいいのだけれど、どうも途中で飽きてしまってなかなかおけいこに身がはいらない、とお母さんが嘆いていた。

ところでこの曲は、無味乾燥でたいくつなクレメンティの練習曲を子供がいやいや練習しているところを描写した作品なのだから、それを練習している子供が退屈してしまっては困りますネ。

開始してしばらくはいかにも練習曲のように右手がカタカタ動くのだが、やがてそのうちのひとつの音がのびて旋律をつくり、左手と二重唱で歌いはじめる。ついで左手が主導権を握ってトッカータ的なパッセージに発展し、最後は練習から解放された子供が庭に遊びに行ってしまう（？）ような陽気な終わり方をする。

前節の練習曲「五本指のための」でも見たように、ショパンの弟子と言われるモーテ夫人に手ほどきを受けたドビュッシーは、チェルニーなどの練習曲が必ずハ長調から始まることをあまり快く思っていなかった。「グラドス・アド・パルナッスム博士」も同じ系列に属する作品だろうが、実は、ショパン自身はチェルニーは嫌っていたが、クレメンティの練習曲は大いに活用していたのである。

ただし、ハ長調ではなく黒鍵の多い調子で書かれたものを。

ショパンの弟子たちの証言によれば、先生はまず、クレメンティの『前奏曲と練習曲』を教材に、♯や♭が四つ以上ついた曲がおさめられた第二巻から練習をスタートさせたそうである。

なかでも彼がお気に入りだった「前奏曲変イ長調」はすばやいアルペジオで始まるのだが、弟子が少しでも粗暴な音で弾くと、ショパンは椅子からとびあがって、「なんですか、それは！　犬の吠え声じゃあるまいし」と叫んだとか。『子供の領分』は、ドビュッシーの愛娘シュシュに捧げられている。では、けいこ風景を描写されている子供はシュシュなのか？

ドビュッシーの四十三歳のときの子であるシュシュは、組曲が書かれたときまだ二歳半だったから、クレメンティの練習曲を弾くにはいくらなんでも早すぎる。というか、アルゲリッチのような天才でもないかぎり、そもそも二歳半でピアノは弾かないだろう。

のちにシュシュは実際にピアノを習うようになったが、こちらもどうもあんまりうまくいかなかったらしい。

ドビュッシーがピアノの先生に書いた手紙が残っている。

「二年前からシュシュはもはや目立った進歩をしておりません。それは誰の落ち度でもなく、私はそのことであなたを非難しようとはしていません。ただ、彼女が誰かもっと厳格な方の指導を受けることは不可欠です。

また時間の問題もあります——あなたはしばしばお変えになりますね。もっとも、それについて議論するつもりはありません。とはいえ、彼女の母親と私は、彼女の音楽の勉強を違う方向へ持っていく決心をしました」（一九一七年十月二十四日・笠羽映子訳）

このときシュシュは十二歳。ドビュッシーは五十五歳だった。フランスを代表する作曲家からこんな手紙をもらったピアノの先生は、さぞかし困ったことだろう。

不治の病におかされていたドビュッシーはそれから長くは生きていなかった。一九一八年三月二十五日に彼が亡くなったとき、シュシュは「パパが死んだ。この三つの言葉を、私は理解することができない。または、理解しすぎるほど理解している」と書いた。

悲しいことに、シュシュ自身もそれから長くは生きていなかったのだ。ドビュッシーに愛情を注がれるためだけに生れてきたこの少女は、父親の死から十六ヶ月後、ジフテリアの予後が悪くて亡くなった。

彼女が生き長らえていたら、ドビュッシー研究ももう少し進んでいたのにと思うと本当に残念だ。

15　金色の魚

『映像第二集』の第三曲「金色の魚」のことを「金魚《きんぎょ》」と呼ぶ人がいる。デメ金、リュウ金、縁日の金魚すくい……。すぐに破れる網。

ちがいます！　あくまでも金色の魚、日本的には緋鯉《ひごい》のことです。

ドビュッシーは東洋の美術品が大好きで、ずいぶん蒐《あつ》めていたらしい。なかでも浮世絵には目がなかった。彼が友達にサイン入りで贈った歌川広重の連作『東海道五十三次』（もちろんコピー）の一枚が残されている。書斎でストラヴィンスキーとともに撮影された写真の背景にも、喜多川歌麿の美人画や、交響詩『海』の表紙を飾った葛飾北斎の『神奈川沖浪裏』がかすかに見える。

暖炉の前でサティと談笑している写真の真ん中には金色に輝く仏像が鎮座ましましているが、これも彼のコレクション。

机まわりにもこまごまとした品を置いていた。ドビュッシーが生まれた街サン＝ジェルマン・アン・レイの記念館には、そんな美術品の数々が展示されている。

今なら間違いなくメタボ判定されるような大きなお腹の中国人がひじ枕でねそべっているインク壺、竹製の筆立て、うるし塗りのシガレットケース。

飛び出した瞼を半分閉じていかにも眠そうな蛙の置物は、代表作のオペラ『ペレアスとメリザンド』の登場人物にちなんで「アルケル」と呼ばれていた。

そのうちのひとつが「南州」の落款《らっかん》がある蒔絵の箱で、黄金に輝く二匹の緋鯉が浮き彫りにされている。

これが「金色の魚」のイメージ源だと言われている。

それにしても、なんて生きのいい鯉たちだろう。流れが相当速いらしいことは、柳の枝のそよぎ、斜めにかしいだ水草からもわかる。しかし魚たちは背びれをぐっとそらし、果敢にその流れに立ち向かっていく。水しぶきがかかりそうなほどのスピード感だ。

ドビュッシーの書いた音楽も、蒔絵の躍動感を見事にあらわしている。

イメージ源は東洋だが、音楽にはあんまり東洋的なところはない。たしかにさまざまな組み合わせのペンタトニック（日本のわらべ歌などに見られる五音音階）は使われているが、同じ『映像第二集』の「しかも月は廃寺に落ちる」のように漂っているような感じはしない。

それは、もっぱらリズムのせいだと思う。「しかも月は……」がゆったりした二拍子系なのに対して「金色の魚」は三拍子で、緋鯉たちは西洋ふうにとびはね、空中浮遊し、トンボ返りして着地する。

ときどき、飛び魚のように水面からさっと飛び出し、波をとびこえとびこえすいすいと泳いでいく。

この曲を生徒が弾いているのを聴くと、鯉ではなくクジラがばたばたしているような印象を受けることがある。

ざわざわした水の感じをあらわす右手と左手のトレモロがうるさいからだろう。

こういうときは、指先をうんと固くして、鍵盤にさわるかさわらないかぐらいの軽いタッチで弾くとちょうどいい。上に出てくる「ハロー！」という呼びかけモティーフは、手首をきかせて、水面を叩く鯉の尾びれのように勢いよく。

私が一番好きなのは、「気まぐれに」と指定された中間部だ。鍵盤の中ほどにメロディがあらわれ、魚が元気にとびはねているようなアルペジオがそれを装飾する。そのアルペジオのしっぽがメロディのしっぽとしておさまる。するとまたトレモロが渦をまき、キーを変えて、同じようなメロディ、装飾音が展開される。

以降、どこか不安げなたたみかけ部分も、右手と左手が激しく打ち鳴らされるクライマックス部分も、大音響の中で透明感や繊細さを失わずに弾くのはなかなかむずかしい。

「金色の魚」は、決してガラス鉢の中で優雅に泳ぐ観賞魚ではない。かといって、大海原に潮を吹き上げる哺乳類でもない。

金魚以上、クジラ未満が「金色の魚」を演奏するポイントだろうか。

16　妖精はよい踊り手

ジェームズ・バリ作『ケンジントン公園のピーター・パン』をご存じだろうか？　ディズニー映画でおなじみの『ピーター・パンとウェンディ』のようにネバーランドの物語ではなく、ピーターの誕生から筆を起こしている。

子供というのは、人間になる前は誰でも鳥だったんだ、とバリは書く。生まれて二週間か三週間までの赤ん坊は、だから少し乱暴で、肩甲骨のあたりがむずむずして、お母さんが眠ったらすぐに逃げ出してやろうとたくらんでいる。

ピーター・パンは、生まれて七日めに窓から逃げ出してケンジントン公園に飛んで行ってしまい、妖精たちの仲間になったのである。

一度だけ、公園での気楽な暮らしを捨てて、お母さんのもとに戻ろうと決心したことがある。しかし時すでに遅し、窓には鉄の格子がはまっていて、お母さんは新しい赤ちゃんを抱いて眠っていた。

妖精たちは、人間の子供たちがばあやに連れられて遊びにくる間は、花のふりをして隠れている。夕方五時半に門が閉まると公園は妖精たちの天下になる。舞踏会が催される日、妖精たちは閉園時刻を告げる掲示板をこっそり五時と書きかえる。こうしておけば、三十分早く始めることができる。

何百という美しい妖精がやってくる。結婚したものは腰のまわりに指輪をつけ、銀のスリッパにはきかえて踊る。輪の真ん中に座ったピーター・パンが葦笛を吹くと、妖精たちはそれに合わせて踊り狂う。ぐるぐるまわって踊ったあとには、草地に輪ができる。

この舞踏会が見たくてたまらなかったメイミー・マナリングは、あるとき、掲示板が書き変えられていることに気づき、うまく乳母をまいてものかげに隠れる。

がちゃん、がちゃんと閂《かんぬき》の音がすると、ニレの木は腕をのばしてあくびをし、井戸のひしゃくと会話をかわす。花々は柵をこえて散歩に出かける。

こうして四歳になるメイミーは、閉園後のケンジントンにとどまることに成功し、小さな裸の男の子、ピーター・パンに出会う。

人間時代の習慣をすっかり忘れているピーターは、メイミーが「キスをしてあげる」と言うと、何かもらえるのかと思って手を差し出す。気の毒になったメイミーは、とっさにお裁縫用の指ぬきをはずしてそれを渡した。

やがてメイミーはピーターのことがとても好きになり、「もし、あなたがとてもあたしにキスをしたいなら、なすってもいいわ」と申し出る（お育ちのよいお嬢さんらしい言いまわしだ）。キスの意味を知らないピーターがいやいや指ぬきを返そうとしたので、あわてたメイミーはキスを指ぬきと言い換え、二人はたくさんの指ぬきをかわす。

ピーターはメイミーと結婚したいと思ったが、少女はなつかしいお母さんを忘れることができなかった。

ピーターさんと一緒にいたら、どんなに楽しいでしょう。でも、いつでも行きたいときに、きっとお母さんのところへ帰れると決まっているのでなければ。何といっても、お母さんは、いつでもあたしに会いたいと思っているのだから。

この子は自分ほどには「お母さんというものを知らない」と思ったピーター

は、自分が閉め出された悲しい話をきかせる。

思慮ぶかく話をきいたメイミーは「あなたのお母さんは、そうでも」と言うのだった。

「あたしのお母さんは……」

ドビュッシーの『前奏曲集第二巻』「妖精はよい踊り手」は、この愛らしい物語をヒントにしている。タイトルのもとは、やはり二巻の「水の精」と同じく、アーサー・ラッカムが制作した絵本の一ページ。薄絹のドレスを着た妖精が蜘蛛の糸の上を軽やかに踊るイラストに、「妖精たちはステキな踊り子です」というキャプションがつけられている。

左手と右手が円を描くようにくるくるまわるモティーフ。きらきら光るトリル、しゅっと飛んで行ってしまう半音階、突然しなだれかかるようなルバート。気まぐれな妖精を象徴するような魅力的な小品だ。

17　イギリス趣味

ドビュッシーは、イギリスかぶれだった……と思う。

一般的にフランス人はイギリス人が嫌いということになっている。できれば英語もしゃべりたくない。だから英語が下手なのだとよく言われるが、これはドビュッシー家にはあてはまらなかった。

一九〇五年に生まれた一人娘シュシュには、英語の家庭教師をつけた。シュシュに捧げた組曲『子供の領分』のタイトルは、わざわざ英語でつけた。シュシュが愛したイギリスのイラストレーター、アーサー・ラッカムの絵本には、ドビュッシーも夢中になった。『前奏曲集第一巻』の「西風の見たもの」(『アンデルセン童話集』)、「パックの踊り」(シェイクスピア『真夏の夜の夢』)、『同第二巻』の「水の精」(ド・ラ・モット・フケー『ウンディーネ』)、「妖精はよい踊り手」(ジェームズ・バリ『ケンジントン公園のピーター・パン』)など、イメージ源はいずれもラッカムの絵本だ。

もっとも、ドビュッシーが音楽を書く上で参考にしたのが本当に〝ジュシュの〟絵本だったかどうか、実ははっきりしない。ある研究家によれば、「妖精はよい踊り手」のタイトル「exquises danseuses」は、英語力の不足しているドビュッシーが一九〇六年刊の英語版「exquisite dancers」から直訳したもので、語学的には、シュシュが持っていたフランス語版「danseuses consommées」のほうが正しいという。

ドビュッシーはラッカムのオリジナルを一九〇八年初めにロンドンで買ったというから、相当なマニアぶりだ。

いっぽうで、フランス人が一様にいだくイギリス人蔑視の感情は、ドビュッシーも持ち合わせていたのではないかと思うことがある。

フランス人は傘をささないことで知られる国民である。多少の雨なら、傘を持っていてすらも濡れるほうを選ぶ。しかるに、イギリス人は雨が降っても降らなくても、いつも巨大なこうもり傘を持ち歩いている。この杓子定規ぶりが揶揄の対象になる（雨が降っていても傘をささない……のも頭が固いと思うが）。そして、悪名高いイギリス料理！　私など、パブの定番料理「ステーキ&キドニー・パイ」が大好きなのだが、とにかくフランス人は、「イギリスは料理がまずい」で片づけてしまう。

何といっても世界にさきがけて王様の首をチョン切った国と、いまだに王政をつづけている国とでは、権威に対する考え方も違うだろう。

「パックの踊り」のイメージ源になった『真夏の夜の夢』には、いたずら好きの小妖精パックが妖精の王様や女王様をさんざんな目にあわせるというエピソードが出てくる。

ドビュッシーの音楽では、権威好きなイギリスのイメージを「儀式張った、堅苦しい」ファンファーレに象徴させている。パックは、そのがちんがちんのファンファーレの上で飛んだりはねたり、好きなようにふるまう。

もっとひどいイギリス蔑視は、他ならぬイギリス国歌が出てくる「ピックウィック卿礼賛」（『前奏曲集第二巻』）ではないだろうか。

ベートーヴェンは、このイギリス国歌をテーマにステキな変奏曲を書いている。その扱い方にはじゅうぶんな敬意が感じられるが、ドビュッシーの態度には、そんなものはみじんもない。のっけからオクターヴで「ゴッド・セイヴ・ザ・キング」が朗々と歌われるが、すぐに「なんちゃってね」とでもいうような皮肉っぽいモティーフで茶化される。

国歌のほうはめげずに堂々たる歩みをつづけようとするのだが、「愛想よく」と記されたきわめて偽善的なモティーフで遮られ、冗談めかした付点のモティーフで軽くあしらわれ、最後はみるも無残にデフォルメされてしまう。

同じ二巻の前奏曲「花火」では、自国の「ラ・マルセイエーズ」にこれ以上ない最上の舞台を用意しているというのに。

ドビュッシー作品は、とりわけイギリス人ピアニストの間で人気なのだが、こんなにおちょくられて、本当に腹が立たないのかしら、と思ってしまう。

18　グラナダの夕

組曲『版画』の第二曲「グラナダの夕」には、ドビュッシー自身が弾いた録音が残っている。

これが名演なのだ！

むせかえるような香気の中で低音部から立ちのぼってくるハバネラのリズム。やがて高音部で鐘のように鳴らされ、その下でジプシーふうの物憂い旋律が奏でられる。

ドビュッシーは、ハバネラのリズムは正確に、メロディは自在にゆらして弾いている。だから上下はずれずれなのだが、それが何ともいえないしどけなさを生んでいる。

一九〇三年作の『版画』は、前年に歌劇『ペレアスとメリザンド』の初演を成功させたドビュッシーが、はじめて本格的にとりくんだピアノ曲だ。
と同時に、かわいい弟分だったラヴェルとの確執が初めて生まれた作品でもあった。

一八六二年生まれのドビュッシーと七五年生まれのラヴェルでは一三年の年齢差がある。しかし、どちらかというと歩みの遅かったドビュッシーに比べて、早くから独自のスタイルを完成させたラヴェルは、いわゆる印象派のピアニズムという点で、むしろドビュッシーに先んじていた時期がある。

一九〇七年、高名な作曲家エドゥワール・ラロの息子、ピエール・ラロは、「ル・タン」紙の時評で、ラヴェルからもらった手紙を公表した。そこでラヴェルは、ピアノの斬新な書法をドビュッシーの功績としたラロに激しく抗議し、自分が『水の戯れ』を発表したのは一九〇二年だが、そのときドビュッシーはまだ、たいして革新的なものは書いていなかったと主張している。

たしかにその通りなのだが、ドビュッシーにとってはまず何よりもオーケストラ作品やオペラを書くことが重要で、わかりやすいピアノ曲は生活費稼ぎの手段でしかなかったのだ。

その証拠に、たとえば歌曲のピアノ伴奏では、若いころの作品でもずいぶん大胆な書き方をしている。

いっぽうで、ドビュッシーが、以前に聴いたものを無意識に作品にとりこんでしまうという困ったクセをもっていたこともたしかだ。『版画』の第一曲「パゴダ」にしても、右手のアルペジオと左手のメロディがだんだん溶けていく最後などは『水の戯れ』の終わり方そっくりだ。

ラヴェルが神経をとがらせたのは、つづく「グラナダの夕」のほうだった。無理もない。一八九八年、ラヴェルは国民音楽協会で「耳で聴く風景」という二台ピアノのための作品を発表している。

当時二十三歳のラヴェルは、このときが作曲デビューだった。「耳で聴く風景」は、九七年作の「鐘の中で」と九五年作の「ハバネラ」の二曲から成っていた。

初演に接したドビュッシーはエキゾチックな「ハバネラ」をすっかり気に入

り、自筆手稿の写しが欲しいとせがんだ。先輩作曲家を深く尊敬していたラヴェルが喜んで渡したことはいうまでもない。うっかり屋のドビュッシーは、この写しをオーケストラ作品の自筆手稿の間にはさんだまますっかり忘れていたらしい。

しかし、一九〇三年に「グラナダの夕」を聴いたラヴェルは、ハバネラのリズムを執拗にくり返すアイディアを盗まれたと感じ、周囲のひとびとに打ち明けた。

そして、一九〇七年に四曲からなる『スペイン狂詩曲』の中に「ハバネラ」のオーケストラ版を組み込んだとき、楽譜にわざわざ一八九五年作と書いて自分の優先権を主張したのだった。

ラヴェルは知るよしもなかったが、実はドビュッシーが一九〇一年に書いた二台ピアノのための作品『リンダラハ』はもっとラヴェルの「ハバネラ」に似ているのだ。「リンダラハ」はドビュッシーの生前には公表されず、一九二六年になってオーケストラ譜の断片の間で発見された。

編成も同じ二台ピアノだし、発表したらいくらなんでもパクリ疑惑がもちあがると考えてドビュッシーが自粛した……かどうかは不明である。

19　パスピエ

『ベルガマスク組曲』の第四曲「パスピエ」が、最初は違うタイトルだったり、そもそも『ベルガマスク組曲』には今とは違う曲がはいっていたことをご存じだろうか？

若いころのドビュッシーは、アルトマンという出版プロデューサーと契約を結んでいた。ドビュッシーの才能を愛したアルトマンは、作品を出版社に斡旋するだけではなく、悪い条件で売られた楽譜を買い戻したり、毎月決まった額の手当てを与えたりしていた。

そのアルトマンも一九〇〇年に亡くなり、ドビュッシーが彼に預けていた手稿は、遺産相続人を介してフロモンという出版社に売られてしまった。その中には、現在『ベルガマスク組曲』としてまとめられている四曲もはいっていたが、当初は、有名な「月の光」は「感傷的な対話」、「パスピエ」は「パヴァーヌ」というタイトルがつけられていた。

一九〇三年六月、前の年に『ピアノのために』を初演しているスペインのピアニスト、リカルド・ヴィニェスは、日記にこう書いた。

「『ベルガマスク組曲』の三曲のうち二曲をドビュッシーに弾いてもらった」

ん？　四曲じゃなくて、三曲？

「そのうちの一曲は『喜びの島』というタイトルだった」

えっ。

たしかに、一九〇三年にフロモンから出版された楽譜の裏には、『ベルガマスク組曲』の広告も出ており、内訳は「仮面」「サラバンド第二番」「喜びの島」となっていた。

ところが、一九〇四年七月、ドビュッシーは『版画』を出版したデュラン社と契約を結び、『仮面』と『喜びの島』を単独で出版させることにした。

困りますよ、ドビュッシーさん、約束が違うじゃないですか……とフロモンが言ったかどうか。ドビュッシーのほうでは、広告ばかり出してちっとも楽譜にしてくれなかったり、逆に『夢』のような若書きの作品を、自分の了解を得ず勝手に出版してしまうフロモンにうんざりしていたのだ。

というわけで、一八九〇年以前に書かれていた四曲が新たに『ベルガマスク組曲』としてまとめられ、一九〇五年に出版されることになった。

しかし、校正刷りの段階でも、まだ「パスピエ」のタイトルは「パヴァーヌ」だった。たぶん、フォーレの『パヴァーヌ』（管弦楽版は一八八六年）と比較されることを恐れてぎりぎりになって変えたのだろう、と、デュランから刊行中のドビュッシー新全集の解説には書かれている。

フォーレの『パヴァーヌ』もまた、ルイ王朝時代のフランス宮廷でもてはやされたイタリア喜劇や、役者たちが余興で座を盛り上げた「雅びなる宴」と密接に結びついていた。

イタリア喜劇が十六世紀北イタリアに発生した即興仮面劇で、ピエロやアルルカンなどさまざまなキャラクターをもっており、役者にベルガモ出身者が多かったことは、「11月の光」の節で少しふれた通りだ。

十九世紀末には、「アンシャン・レジーム」への郷愁が高まり、やんごとなき方々は思い思いの「雅びなる宴」を催して当時をしのんだ。フォーレの『パヴァーヌ』も、芸術家の庇護者として知られるグレフュル伯爵夫人の目に止まり、世紀末のダンディ、モンテスキュー＝フザンザック伯爵のテキストをつけて合唱曲に編曲され、ブーローニュの森の「雅びなる宴」で奏されたのである。

〝パヴァーヌ〟は孔雀の羽根をつけて舞う宮廷舞踊で、ゆったりした二拍子。

〝パスピエ〟は軽やかなステップを踏む八分の三か八分の六の速い踊り。

ドビュッシーの「パスピエ」は、左手が軽やかなステップを踏むところは〝パスピエ〟に似ているが、三拍子系ではなく四拍子だし、かといって、〝パヴァーヌ〟のイメージで弾くとまのびしてしまうし、ピアニストはあれこれ思い悩む。

雰囲気は〝パスピエ〟で、テンポは〝パヴァーヌ〟ふうに二拍子にとって……あたりが折衷案だろう。

そもそも、こんなにいい加減なつけ方なのだから、あんまりタイトルにこだわらなくてもいいかもしれない。

20　野を渡る風

『前奏曲集第一巻』の「野を渡る風」は、細かいパッセージがくるくる旋回し、ときおり突風のような和音が炸裂する、それこそ上州の空《から》っ風のようなイメージの作品だが、タイトルはドビュッシーの子供時代と深いかかわりをもっている。

ドビュッシーは大変貧しい家の生まれだった。生家はパリ近郊の町サン＝ジェルマン・アン・レイで瀬戸物商を営んでいたが、すぐに商売はたちゆかなくなり、父親は職業を転々とし、母親は針仕事で家計を助ける。

一八六八年、ドビュッシーの父親はパリで印刷・石版業の店に就職し、やっと生活の安定を得たと思ったら、普仏戦争にともなうパリ包囲であっという間に解雇された。仕方なくパリ区役所につとめたところ、一八七一年五月にパリ・コミューンが起き、国民軍の兵士として政府軍と戦った父親は捕らえられて監獄に入れられてしまう。

ここで父親が出会った人物が、ドビュッシーの運命を決めたのである。シャルル・ド・シヴリーというシャンソン作曲家で、母親はモーテ夫人。一説にはショパンの弟子だったというピアノ教師である。

ドビュッシーはその少し前に疎開先のカンヌで音楽の手ほどきを受けたばかりで、父親が息子の音楽の勉強について相談したところ、シヴリーが、それじゃあ母親に筋を見させよう……ということになったらしい(すべては憶測の域を出ない)。

何はともあれ、九歳のドビュッシー少年は、七一年秋、モーテ夫人が住んでいたモンマルトルの中腹にあるニコレ街十四番地の家にピアノのけいこに通うことになった。

そしてたまたまそのころ、その家にはモーテ夫人の娘夫婦が居候していて、ムコ殿の名前はポール・ヴェルレーヌといった。

「月の光」の詩人である。

そしてまた、たまたまそのころ、ヴェルレーヌはアルチュール・ランボーという少年詩人と文通していて、彼の詩を高く評価し、パリに出てくるようにと仲間うちで寄付を集めて送ったところだった。

ランボーがその金で汽車の切符を買い、ヴェルレーヌを頼って故郷のシャルルヴィルからニコレ街にやってきたのは七一年秋。モーテ夫人がドビュッシー少年のピアノのレッスンをはじめる少し前のことである。

フランス文学に詳しい人なら誰でも知っているヴェルレーヌ＝ランボー事件（『タイタニック』でブレイクする前のレオナルド・ディカプリオがランボーを演じた映画『太陽と月に背いて』を観た方もいらっしゃるかもしれない）は、ドビュッシーがけいこにはげみ、パリ音楽院のピアノ科に合格するまでの期間とぴったり重なっている。

ドビュッシーがランボーと直接会ったかどうかはさだかではないが、少なくとも彼は、ランボー事件のさなかに書かれたヴェルレーヌの『忘れられた小唄』にもとづくすばらしい歌曲集を残している。

モーテ家で乱暴狼藉のかぎりを尽くし、ヴェルレーヌの詩人仲間にも傍若無人な態度をとりつづけたランボーは、詩の才能は認められたもののだんだん評判が悪くなり、パリにいづらくなって一時故郷に帰っていたことがある。

図書館で『恋の気まぐれ、あるいは宮廷のニエット』という十八世紀の作品集を見つけたランボーは、抜粋をヴェルレーヌに贈った。中でも、オペラ・コミックの脚本家ファヴァールのテキストによる「忘れられた小歌曲」の楽譜は、ヴェルレーヌをたいそう喜ばせた。

「あれはステキだ、『忘れられた小歌曲』は、言葉も音楽も! あのように心やさしい贈り物をありがとう!」と、普段はあまり心やさしくない友に書き送っている。

『忘れられた小唄』のタイトルは、ここからとられたのだろう。

有名な「巷に雨の降るごとく」は、ランボーによるエピグラフ「雨はしとしと市に降る」をもっている。そして、冒頭の詩「そはやるせなき夢心地」には、ファヴァールによる「野を渡る風は宙で息をとめる」というエピグラフがつけられている。

そう、前奏曲「野を渡る風」のルーツである。

Ⅲ

21　カノープ

娘とエジプト旅行をしたときのこと。ナイル川流域のルクソールに行き、壮大なカルナック神殿を見学したあと、フェリー乗り場近くのミイラ博物館に立ち寄った。

ファラオのミイラはカイロの考古学博物館で見ることができるが、ここは動物のミイラがたくさん展示されていて、ネコや犬、サル、ワニ、魚のミイラまである。

古代エジプトの人々は、死後、魂はいったん肉体から離れるが、また戻ってきて永遠に生きると信じていた。愛するペットの魂の戻り場所を確保するためにミイラにしたのだろうか。それにしても、ワニや魚とはびっくりだ。

やや気味の悪い館内を出ると、外はカフェテラスになっている。エジプトふうの甘いミントティを飲みながらナイル川のゆったりした流れを眺めていると、時間が止まってしまったような不思議な感覚におそわれた。

カノープは、ミイラを作ったあとの内臓をおさめる陶製の壺である。ドビュッシー『前奏曲集第二巻』の「カノープ」にも、静謐な時間が流れている。この作曲家特有のなめらかな和音の連続ではじまり、それがいったんのぼっておりてきたあたり、音楽がほの暗い雰囲気をおびるところがある。

全音音階の響きのなかで、嬰ハ音が何度もリピートされ、半音階的に動く。一オクターヴ上がって、もう一度同じことをくり返す。

実は、この連打音のモティーフは、エドガー・アラン・ポーにもとづくドビュッシーの未完のオペラ『アッシャー家の崩壊』（一九〇八～一七年）からの転用なのである。

二〇〇九年はポーの生誕二百年にあたり、怪奇小説の古典『アッシャー家の崩壊』も新訳が出版された。

ロデリックとマデラインは双生児の兄妹で、代々つづいてきたアッシャー一族の末裔である。マデラインは原因不明の病気に罹《かか》っており、兄は愛してやまない妹の身を案じている。それとともに、兄は、鏡の映像のように似通った妹の身に何かあれば、自分もまた死んでしまうのではないかという恐怖にもとらわれていた。

『ウィリアム・ウィルソン』と同じく、分身の恐怖を描いた作品である。マデラインはついに亡くなったが、彼女を地下室に埋葬した兄は、ひょっとしてまだ息があったのではないかと日夜恐怖にさいなまれる。このあたりは、やはりポーの『早すぎた埋葬』につながるテーマである。

そして、ある嵐の夜、墓から蘇ったマデラインは、地下から階段をのぼってきて、ロデリックの部屋の扉を叩く。

「カノープ」の連打音モティーフが、この部分、扉を叩く音を模していると知れば、なかなか静謐どころのさわぎではなくなってくる。『前奏曲集第二巻』では、「水の精」にもロデリックやマデラインのモティーフが使われている。

ドビュッシーが青春時代を送ったフランス十九世紀末、象徴派の親玉ボードレールが翻訳・紹介したポーの怪奇小説は大流行していた。

若き日のドビュッシーも『アッシャー家の崩壊』に夢中になり、「心理学的に展開するテーマにもとづく」交響曲を作曲していたという話もある。この計画は頓挫《とんざ》してしまったらしいが、一八九三年作の『弦楽四重奏曲』の循環テーマは、のちに彼が作曲するオペラの、もっとも大事なモティーフにそっくりなのだ。

一九〇八年に着手されたオペラ『アッシャー家の崩壊』は、死の前年まで何度もとりあげながら、命とりとなった病気に阻まれてついに完成しなかった。

「運命は、私にこのオペラの完成を許すべきです」と彼は手紙に書いている。

「私は、『ペレアスとメリザンド』の作曲者としてだけ後世の人々に判断されたくないのです……」（一九一六年八月十日）

ドビュッシーの手による一幕二場の台本と、一場全部の音楽、二場のスケッチが、その苦闘のあとを物語っている。

22　コンクールの小品

二十世紀初頭のフランスの音楽雑誌には、作曲家当てクイズという企画があったらしい。著名な作曲家に短い作品を依頼し、匿名で発表して誰が書いたか読者に当てさせるというものだ。

ドビュッシーもしばしば参加しているが、全音音階や平行和音といった特徴的な作風ですぐに見抜かれてしまったという。

『コンクールの小品』は、一九〇五年一月、『ムジカ』誌の増刊号に載ったクイズ用のピアノ曲である。わずか二十七小節の、文字通り掌品なのだが、音楽史的には重要な意味をもっている。

一九〇二年にオペラ『ペレアスとメリザンド』の初演を果たしたドビュッシーは、「まったく違うものを求めて」エドガー・アラン・ポーの怪奇小説にもとづく『鐘楼の悪魔』という短いオペラの作曲にとりかかった。

シナリオもドビュッシーが作成したのだが、原作のストーリーは以下の通りである。

舞台は、何もかも規則ずくめで画一的につくられたオランダの小さな町である。町会議事堂の鐘楼には、太古の昔から正確に時を打ち続ける大時計があり、町の秩序の象徴となっていた。ところが、ある日、この鐘楼の中に巨大なヴァイオリンをかかえた悪魔がはいりこみ、お昼に十三回の鐘を打ったものだから、町全体が大混乱に陥る。

対してドビュッシーの翻案では、舞台がオランダの村になっており、鐘楼は教会にある。悪魔が十三回鐘を鳴らしたとたん、村全体の秩序が乱れるところは同じで、運河には水があふれ、チューリップはしゃくやくのように咲き乱れ、人々は帽子をさかさにかぶって上着のボタンをあけっぱなしで外に出てくる。悪魔が、原作の設定とは反対にポケットにはいるぐらいの小さなヴァイオリンを出して弾きはじめると、それが幻想的なジーグに変わり、村人たちもつられて踊り出す。

ここで思い出すのは、レーナウ『ファウスト』の一場面にインスパイアされたリストの『メフィスト・ワルツ第一番』である。メフィストフェレスの奏でるヴァイオリンがファウストを酩酊状態に陥れるというエピソードにもとづき、弦をひっかくような鋭い装飾音ではじまり、とんだりはねたり、全編アクロバットの連続のような作品だ。

ドビュッシーが『鐘楼の悪魔』で残したスケッチにも、この『メフィスト・ワルツ』を連想させる鋭い装飾音がふんだんに使われている。

これらのスケッチを見るかぎり、ドビュッシーがめざしたのは、「風変わりなラヴィーヌ将軍」や「ミンストレル」のように、皮肉なユーモアを表す音楽だったように思う。

一九〇三年には、『ペレアス』を初演した指揮者のメサジェに宛てて、「たぶん人々は、私がメリザンドの影を捨てて、悪魔の皮肉っぽいピルエットに乗り換えてしまったことをスキャンダラスだと思い、私のことを変人だと非難するためのよい材料にすることでしょう」と書いている。

『鐘楼の悪魔』は、前節でご紹介した『アッシャー家の崩壊』とともに一九〇八年七月にメトロポリタン歌劇場との間で上演の契約が結ばれている。

作曲は、少なくとも一九一二年三月まではつづけられていたらしい。指揮者のアンリ・ビュッセルは、日記の形をとった回想録『パリ楽壇七〇年』の中で、「ドビュッシーが、無数の素描を描いてきた『鐘楼の悪魔』をピアノで弾いてみせてくれた。それはきわめて絵画的で楽しいいくつかの断片で、彼の従来のあり方とは完全に違う情緒に満ちている」と記している。

無数の素描……。でも、現在残されているのは、シナリオと、わずか三ページのスケッチだけなのである。

音楽雑誌『ムジカ』に発表された『コンクールの小品』には、そのスケッチの一部が使われている。リスト『メフィスト・ワルツ』を思わせる鋭い装飾音、歯切れのよい和音の連続。

オペラが完成されていたら、どんなに愉快な音楽になったろうと思う。

23 ボヘミア風ダンス

ドビュッシーの若き日のピアノ曲をレコーディングしたところである。一八九〇年代はじめ、まだ二十代のころの作品が多い。

ドビュッシーは、ショパンの弟子といわれる先生に手ほどきを受け、パリ音楽院のピアノ科に学んだ。十二歳のときにはショパンの『協奏曲第二番』で第二褒状《ほうじょう》、十三歳で『バラード第一番』を弾いて第一褒状を得ている。二年後、シューマン『ソナタ第二番』で二等賞を受け、指導教官のマルモンテルも将来有望と大いに期待したところで作曲に興味が移ってしまい、ピアノ修業は終わりになった。

一時はピアニストをめざしていたドビュッシーだが、初期のピアノ曲には管弦楽曲や声楽曲に比べて独創的なものがほとんどない。

一八八八年刊行の歌曲集『忘れられた小唄』のピアノ部分にしても、同じ年に書かれたカンタータ『選ばれた乙女』にしても、はるかに複雑な和声を使っているというのに。

それもそのはず、ボヘミアン時代のドビュッシーにとってのピアノ曲は、芸術家として勝負する作品ではなく、生活の糧を得る手段にすぎなかったのである。

『夢』『バラード』『夜想曲』『ロマンティックなワルツ』『マズルカ』（いずれも一八九〇年）などは、定収入がなく、友人や出版社から前借りを重ねていた時代に、文字通りパンのために書かれた。

『バラード』と『ワルツ』は二百フラン、『夢』『夜想曲』『マズルカ』はそれぞれ百フランで売れた。いっぽう、ドビュッシーの出世作『弦楽四重奏曲』（一八九三年）はたった二百五十フラン、不朽の名作『牧神の午後への前奏曲』（一八九四年）も、とるに足らない小品と同じく二百フランの値しかつかなかったのだから、かわいそうになってしまう。

ドビュッシーが本当の意味で革新的なピアノ曲を書きはじめるのは、オペラ

『ペレアスとメリザンド』(一九〇二年)の成功によって一流作曲家の仲間入りを果たしてからのことである。

初期の小品のなかでは、『ボヘミア風ダンス』が一番若書きで、一八八〇年作というから、ドビュッシーはまだ十八歳だった。

当時ドビュッシーは、音楽院の先生マルモンテルの斡旋で、夏休みのアルバイトに精を出していた。一八七九年にはロワール河の名城シュノンソーに赴き、不眠症にかかっていた女城主をなぐさめるために夜明けまでピアノを弾かなければならなかった。

一八八〇年からは、チャイコフスキーのパトロンで知られるフォン・メック夫人の楽師に雇われた。夫人は、鉄道王だった夫の遺した莫大な財産で金に糸目をつけない豪奢な生活を送り、夏休みには家族と従者をひきつれて大名旅行をしていた。

ドビュッシーは、ヴェネツィア、フィレンツェ、ウィーンと、三ヶ月もの長旅のお供をしながら、メック夫人と四手連弾でチャイコフスキー『交響曲第四番』を弾いたり、他の楽師たちとトリオを演奏したりしていた。

『ボヘミア風ダンス』はこの旅行中に書かれ、メック夫人によってチャイコフスキーのもとに送られた。作曲家としての筋を見てもらうためだったらしいが、ロシアの大作曲家のコメントはそっけないものだった。

「たいへんかわいらしいものだが、実際どうにも短すぎます。深くほりさげた楽想があるわけではなく、形式に欠け、すべてが統一を欠いているのです」

とはいえチャイコフスキーは、ドビュッシーが『白鳥の湖』の第三幕から二、三の舞曲を四手連弾のために編曲したとき、モスクワの出版社に紹介している。

メック夫人が注目したのは、ドビュッシーのピアニストとしての腕前だった。

「風貌にも手にも、なんとなく若いころのアントン・ルービンシュタインを思い出させるようなところがございます」と、夫人はチャイコフスキー宛ての手紙で書いている。

「神さまが、この子の運命を、あのピアニストたちの王のそれのように、幸せなものとしてくださいますように！」

もしロシアにとどまっていたら、ドビュッシーはラフマニノフのようなコンポーザー・ピアニストになっていたかもしれない。

24 風変わりなラヴィーヌ将軍

ドビュッシーは、大衆演劇が大好きだった。ボヘミアン時代、ロートレックも常連だったというロワイヤル通りのカフェ「レノルズ」に通いつめ、「新サーカス」に出演している道化コンビ、フーティトとショコラのショーに興じた。「バンジョーに合わせたジーグの踊り、叫び声、刹那的な陽気さ、高い靴音(中略)。テーブルがひっくりかえり、鏡が粉々に飛び散り、女の子たちはわめく……大狂宴だ!」

あるとき、フーティトはいつも片隅のテーブルにいるドビュッシーに気づき、「ムッシューは芸術家ですか?」ときいた。

「あなたと同様に」と返すドビュッシー。

「私はただのクラウンですよ」とフーティトは言う。「足げりの目に遭ったり、ピルエット（片足旋回）をしてみせたり」

「私たち音楽家もときどき和声でピルエットをやりますよ。そして、聴衆や批評家から足げにされます」と、ドビュッシーは皮肉たっぷりに答える。

十九世紀末には新進の前衛作曲家だったドビュッシーは、不協和音をたくさん使ったので、新作を書くたびに「音楽の国の検閲官」に追いまわされていたのである。

ドビュッシーは、シャンゼリゼ大通りの「マリニー劇場」にも行ったらしい。というのは、ここの支配人から、「ラヴィーヌ将軍　生涯兵役についていた人物」という出し物の伴奏音楽を依頼されているからだ。

一九一〇年に「マリニー劇場」でデビューしたラヴィーヌ将軍はアメリカ生まれの喜劇手品師で、もともと背が高かったが、つんつるてんの軍服を着てぎくしゃく踊るために、二メートル七十五センチぐらいある（いくら何でも、まさか――）ような印象を与えたという。

ドビュッシーとも親しかった画家リュック＝アルベール・モローの描くラヴィーヌ将軍のデッサンをみると、ナポレオンのような帽子をかぶり、肩章《けんしょう》のついた軍服を着て腰からサーベルを吊るし、ニコニコ笑いながら三つの玉でお手玉をやっている。

ドビュッシーは、ショーの伴奏音楽こそ書かなかったが、『前奏曲集第二巻』の第六曲「風変わりなラヴィーヌ将軍」でとびきりの描写を残している。

耳をつんざく連打音で始まるイントロ部分。三本のトランペットが人をこばかにしたような調子っぱずれの三和音を奏でる。主部では、コントラバスのピツィカートを思わせる低音のモティーフが、関節がはずれたようなラヴィーヌの動きを模倣する。

「風変わりな」にあたるフランス語は「エクサントリック」だが、作曲したドビュッシー自身も相当にエキセントリックな人物だったらしい。

彼を見た人は、とりあえずものすごい「おでこ」にびっくりしたという。作家のレオン・ドーデは、彼に初めて会ったときの印象を「インドシナの犬のような額をして、隣人を怖《おじ》けづかせ、燃える火のような眼、幾らか鼻づまりの声をして……」と回想する。

最初の妻リリーは、夫の外見を「中肉中背でとても茶色く、顔はほとんどオリーヴ色に近く、髪はちぢれ、額はコブのように突き出して」と描写している。性格的には「とても内気で、基本的にネクラで、突然陽気にはじけることもあったが、長続きしなかった」。

周囲の証言を総合しても、内向的、人みしり、無口、うたぐり深い、傷つきやすい、冷淡、臆病、躁鬱気質……等々、どう考えてもお友達にしたくなるようなタイプではない。

しかしいっぽうで、リムスキー＝コルサコフ『シェーラザード』の初演後にドビュッシーと会食した作家のコレットは、すっかり音楽に魅せられた彼の様子をこんなふうに描写している。唇をぶんぶんいわせてオーボエの動機を探したり、ピアノの蓋を叩いてティンパニの効果を出したり、コントラバスのピッツィカートを真似しようとしてワインの栓をガラス窓にこすりつけたり。

まさに一人ジャズバンド状態。『シェーラザード』というよりは口じゃみせん版『風変わりなラヴィーヌ将軍』みたいなエピソードだ。

25　水の反映

ＮＨＫテレビの音楽番組『名曲探偵アマデウス』に解説者として出演した。テーマは『映像第一集』から「水の反映」。名曲には違いないが、『アマデウス』としてはずいぶん玄人ごのみの選曲だ。担当ディレクターも、最初聴いたときは何だかさっぱりわからなかったと言っていた。「亜麻色の髪の乙女」のように耳なじみのよいメロディがあるわけではない。「月の光」のようにイメージ源となる詩があるわけでもない。

「でも、何度も聴いているうちに不思議な心地よさにとらわれました」とのこと。

三和音の連なりが波のようにうねるラインを描き出し、その上に水滴を思わせる三つの音がしたたり落ちる。やがて小さな渦を巻く。渦は次第に大きくなり、カデンツァ風のパッセージに発展する。クライマックスは輝かしい変ホ長調のアルペジオ。

ドビュッシーの自信作だ。

「『映像』を弾いてみましたか？」と、彼は出版者のデュランに呼びかける。「ピアノ作品の中で、シューマンの左にか、ショパンの右にか、お気に召すまま、しかるべき位置を占めることになるだろうと思います」（一九〇五年九月十一日）

当時ドビュッシーの私生活にはスキャンダルの嵐が吹き荒れていた。ドビュッシーが、最初の妻リリーを捨てて弟子の母親である銀行家夫人エンマと駆け落ちしたのは、一九〇四年七月のことである。『喜びの島』はこの時期の作品だ。

リリーは貧しいマヌカンで、ボヘミアン時代のドビュッシーの生活を懸命に支えた。そして、オペラ『ペレアスとメリザンド』の成功でやっと暮らし向きが楽になったと思ったとたん、夫に去られたのである。その年の末、絶望したリリーの自殺未遂が新聞で報じられ、ドビュッシーは社会的な制裁を受ける。

友人の多くが彼のもとを去っていった。

打ちのめされたドビュッシーはしばらく創作意欲を失っていたが、一九〇五年八月にリリーとの離婚を認める判決がくだり、ようやく落ち着いて作曲に取り組めるようになる。「水の反映」を含む『映像』もその産物のひとつだった。

「女性スキャンダルが作品に反映されていると思いますか？」とディレクターにきかれた私は、即答することができなかった。

反映されているとすれば、『喜びの島』のほうだろう。めくるめく官能、狂乱の踊り、大ぶりの筆で一気呵成に描きあげたような、即興性に満ちた作品だ。対して「水の反映」は気分も安定し、客観的な視点を取り戻した時期に書かれた。

「私は、自分の想像力を発揮する仕事において、再び物事がはっきり見えるようになっていますし、私の思考機械は徐々にふたたび動き出しつつあります」と彼は書く。

「ようやく、私は、自分がそうであるような人間を忘れ、神々のお気に召せば、自分がそうであるべき人間に再びなるのです！」（八月十九日）

中公文庫　今月の新刊

棟居刑事の凶縁
森村誠一
●700円

忍者太閤秀吉
司 悠司
●680円

ドビュッシーとの散歩
青柳いづみこ
●620円

鬼平とキケロと司馬遷と　歴史と文学の間
山内昌之
●800円

本のなかの旅
湯川 豊
●880円

逆立ちの世の中
花森安治
●780円

ゴルフ 酒 旅
大岡昇平
●740円

じぶんというもの　金子光晴老境随想
金子光晴
●780円

昭和動乱の真相
安倍源基
〈中公文庫プレミアム〉●1400円

獄中手記
磯部浅一
〈中公文庫プレミアム〉●1000円

中央公論新社　http://www.chuko.co.jp/
〒100-8152 東京都千代田区大手町1-7-1　☎03-5299-1730（販売）
◎表示価格は消費税を含みません。◎本紙の内容は変更になる場合があります。

2016
2

中公文庫　新刊案内

リンクスIII Crimson
矢月秀作

レインボーテレビに監禁された嶺藤を救出するため駆けつけた日向の前に立ちはだかる最凶の敵・クリムゾン。その巨大な陰謀とは――!?「リンクス」三部作、堂々完結！

●760円

SRO episode0 房子という女
富樫倫太郎

残虐な殺人を繰り返し、SROを翻弄し続けるシリアルキラー・近藤房子。その生い立ちとこれまでが、ついに明かされる。その過去は、あまりにも衝撃的！

●680円

富樫倫太郎『SRO』I～VI発売中！

　私がとりわけ好きなのは、変ホ長調の奔流がおさまったあとのコーダ部分だ。鏡のようになめらかになった水面にときおり水滴がしたたり、たゆたうような律動をくり返しながら、少しずつ眠りに落ちていく。

　リリーの悲しみは痛いほどわかるが、作曲家の新たな旅立ちによってこの名作が生まれたことを素直に喜びたいと思う。

26　しかも月は廃寺に落ちる

『映像第二集』の第二曲、「しかも月は廃寺に落ちる」は私のデビューのきっかけとなった曲である。

大学院の修士課程を終えたあとフランスのマルセイユ音楽院に留学した私は、卒業演奏でマルセイユ市からメダルをいただいた記念にリサイタルを開いた。そのときのプログラムに「しかも月は廃寺に落ちる」がはいっていた。

客席にいた後輩の少女が、あなたがこの曲を弾いているとき、私はどこか別の宇宙に飛んでいた、と言ってくれたことを思い出す。それから三年ほどヴァイオリンのクラスのコレペティトール（稽古ピアニスト）をつとめたあと帰国することになり、その前に夏期講習会を受講して、またこの曲を弾いた。

場所はドビュッシーの生地、パリ郊外のサン＝ジェルマン・アン・レイ。講師はコルトー門下でサンソン・フランソワの先生だったイヴォンヌ・ルフェビュール。

ドビュッシーの前でピアノを弾いたこともあるというおばあちゃん先生は、私の弾く「しかも月は廃寺に落ちる」を聴いて、「なってない！」と叫んだ。

ドビュッシーの和音はひとつひとつの音が違う楽器のように鳴り響かなければなりません。あなたの和音は溶け合いすぎています。メロディはカーブを描いていないといけません。あなたのはまっ平らです。

ところで、その講習会には、少し前にスイスでおこなわれた講習会の流れで何人かの日本人留学生が参加しており、私の公開講座も聴講していた。

フランス語がわからない留学生たちは、講座終了後、私のところにきて、口々に「すばらしかった！」と言ってくれた。

「これ、売り物になるよ。デビューで弾くといいよ」

それから半年後に開かれた私のデビューリサイタルは好評で、新聞評でも「しかも月は廃寺に落ちる」は日本人には稀な美しい響き……とほめていただいた。

NHK-FMリサイタルのお話もいただき、放送でもまたまたこの曲を弾いた。

たまたま前の番組が邦楽の時間で尺八の演奏が放送されていた。その直後に自分の弾くドビュッシーを聴いた私は、東洋の音楽から西洋の音楽へ、まったく違和感なく自然に流れこんできたのでびっくりした。

その後藝大大学院の博士課程に再入学し、ドビュッシーの資料を調べたとき、この作品がアンコール・ワットを舞台にしていること、スケッチの一部にドビュッシー自身の手で「ブッダ」と書き込まれていることを知った。

私が、東洋人である自分が西洋音楽を演奏していることの意味を考えるようになったのはこのときからだ。

ドビュッシーは、崩壊しつつあった機能和声にかわるものとして、東洋的な音階や美意識をよりどころにした。ちょうど西洋美術が浮世絵に学んだように、ドビュッシーもまた、絵画でいえば遠近法にあたる機能和声をできるだけあいまいにして、ほわんと宙に浮いているような音楽を書こうとしたのだ。

欧米のピアニストがドビュッシーを弾くと、せっかく作曲家が平面的な音楽をめざしているのに無理矢理立体的にしようとして妙なことになることが多い。

ドビュッシーの美意識にぴったりはまるのは、むしろ私たち東洋人の感性なのだ。

27 ロマンティックなワルツ

ドビュッシーの若き日のピアノ曲を集めたアルバム『ロマンティック・ドビュッシー』(カメラータ)が好評だ。

語りかけてくるような演奏……と言っていただくこともあるし、あのドビュッシーが、こんなに素直なメロディを書いていたんですね……とびっくりされることもある。

メインは『二つのアラベスク』『ベルガマスク組曲』『ピアノのために』だが、そこに『夢』『スラヴ風バラード』『夜想曲』などの小品を配した。ドビュッシーがまだショパンやフォーレ、マスネの影響を受けていたころの作品で、いずれも息の長い情熱的なメロディでたっぷり歌われる。

初期とは言ってもドビュッシーだから、微妙に色合いを変えるハーモニーがメロディにあえかな表情を与えている。昔は習作時代の取るに足らない作品と見られていたが、最近ではドビュッシー音楽のルーツとして重要視されるようになってきた。

とりわけ『ロマンティックなワルツ』は、未完のオペラ『ロドリーグとシメーヌ』（一八九〇〜九二年）の主要モティーフを使った作品として注目されている。

この曲を弾くとき私はいつも、音楽における進歩や発展とは何だろうと考えてしまうのである。

音楽に限らず文学や美術の分野でも、新しければよいという時代があった。誰も使ったことのない革新的な手法で創作しなければ評価されない。いきおい、二十世紀の芸術はとてもわかりにくくなった。

絵画は、人物や風景を見た通りに描くことをやめてしまったし、詩や小説もはっきりしたストーリーを語ることをやめた。音楽は、調性を捨ててひとつひとつの音をばらばらにして再構成するようになった。

でも、ピカソだって、若いころは確かなデッサン力で感動的な絵を描いていたし、十二音技法を考案したシェーンベルクにしても、伝統的な手法を用いていた時期もあるのだ。

ドビュッシーもしかり。『ロドリーグとシメーヌ』は、仇同士の家の息子と娘が恋に落ちるという、ちょっと『ロメオとジュエリット』のようなストーリーで、ドビュッシーが残した音楽もとてもロマンティックなものである。なかでもロドリーグとシメーヌの二重唱は、ワーグナー『トリスタンとイゾルデ』のように甘美でうっとりしてしまう。

しかし、ワーグナーのオペラは「大変感動的」だが、「あんまりたびたび歌いすぎる」と考えていたドビュッシーは、完成直前の『ロドリーグ』を放棄し、『ペレアスとメリザンド』にとりかかる。

『ペレアスとメリザンド』が一九〇二年に初演されたとき、批評家たちは魅力的な薄暮の雰囲気を愛《め》でながらも、聴き手が感情移入できるメロディに欠けていると非難した。

ドビュッシーは、魅力的なメロディが書けなかったのではなく、わざと書かなかったのである。「登場人物の感情が絶えずメロディで表現されるなどということはありえない」とドビュッシーは評論で書いている。

でも、いつも歌で満たされているのが音楽の特権ではないだろうか。

もしドビュッシーが『ロドリーグ』の路線で書き進んでいたら、別の意味で大作曲家になっていたかもしれない……。

『ロマンティックなワルツ』を弾きながら、私は少し残念に思うのである。

28 喜びの島

ドビュッシーの作品は、ピアニッシッシモで消えゆくように終わるものが多い。しかし、『喜びの島』だけは別だ。勝ち誇ったようなテーマの再現についで、極彩色のトレモロとアルペジオが爆発し、狂乱のフィナーレを迎える。

タイトルのもとになったのは、十八世紀ロココの画家、ワットーの「シテール島への船出」だ。愛の女神ヴィーナスをまつったシテール島に詣でると恋が成就すると言われており、巡礼の船を待つ男女の浮き立つような様子を描いている。

この曲は、ドビュッシー自身の恋愛とも深くかかわっている。

ドビュッシーの二度めの妻、エンマ・バルダックは、彼の作曲の弟子ラウールの母親だった。社交界の歌姫だったエンマは、フォーレの庇護者としても知られ、ヴェルレーヌの詩にもとづく『よき歌』を献呈されている。フォーレの愛らしい四手連弾曲『ドリー』は、一八九二年、エンマの娘エレーヌの誕生を機に書きはじめられ、それから一曲ずつ彼女の誕生日に捧げられている。

愛称をドリーというこの娘は、一説にはフォーレの子ではないかと囁かれ、のちにドビュッシーの義理の娘となった。何という数奇な運命だろう。

ドビュッシーがエンマと出会ったのは、一九〇三年のことらしい。貧しい家に生まれ、婦人洋裁店につとめるリリーと結婚していたドビュッシーは、もともと上流階級に憧れていたこともあり、知性と教養あふれるエンマにすっかり魅せられてしまった。

一九〇四年六月、ドビュッシーは歌曲集を彼女に献呈し、エンマはお礼に花を贈った。ドビュッシーは、「私がまるで生きた口にでもあるかのように、これらの花すべてに口づけをしたとしても、どうかお許しください」（笠羽映子訳）という熱烈な手紙を書き送っている。

三日後、ドビュッシーはエンマに速達を出し、二人だけで会いたいから自分の家にきてほしいと頼んだ。妻のリリーは近くに住む女友達のところに行っていて留守だった。

『喜びの島』のあるスケッチには、「以下の小節は、一九〇四年六月の或る火曜日にそれらを私に書き取らせてくれたバルダック夫人——p・m——に帰属するものです。彼女の恋人クロード・ドビュッシーの情熱のこもった感謝を」（同前）と書きつけられている。

もっとも、『喜びの島』じたいは、その一年前から構想されていた。ドビュッシーの曲をしばしば初演しているスペインのピアニスト、リカルド・ヴィニェスは、一九〇三年六月十三日の日記で、作曲家から『喜びの島』を弾いてもらったと記している。このころは、『仮面』とともに『ベルガマスク組曲』として出版されるはずだった。

一九〇四年七月半ば、ドビュッシーはリリーを実家に帰し、月末にエンマとジャージー島に駆け落ちする。ドビュッシーが、ブリュットナー製のグランド・ピアノを購入したのもこの島でだった。ブリュットナーには高音部の弦に補助弦がついていて、豊かな響きが出るような仕掛けになっている。『喜びの島』はこのピアノで仕上げをされたのだろう。

九月、校正を受け取ったドビュッシーは、出版者のデュランに宛ててこう書いている。

「何て弾くのがむずかしいんでしょう！　この作品はピアノで演奏しうるすべての手法の集大成のように思われます」

『喜びの島』が初演されたのは一九〇五年二月である。その年の十月、エンマはかわいい女の子を生んだ。二人の名をとってクロード＝エンマと名づけられたこの娘はわずか十四歳でこの世を去ってしまったが、『喜びの島』は永遠の命を得て、今も世界中で愛奏されつづけている。

29　葉ずえを渡る鐘の音

『映像第二集』の第一曲「葉ずえを渡る鐘の音」の冒頭には、少なくとも五種類の鐘が登場するので、それぞれの弾きわけが楽しい。

真ん中でポーンと響きわたる鐘は、親指を少し固めて、先のほうで置くようにタッチする。その下にするすると落ちていく鐘は、指の腹でやさしくなでるように。行き着いた先でボーンと鳴る鐘は、小指に少し重さをかけて。反対に、親指についた鋭いアクセントは、指先を固めて突っ込むようにしてビーンと響かせる。

右手の一番上の鐘はメロディになるから、薬指や小指をのばして、当てるような感じで弾くとタッチがそろう。その下にもやもやと混ざる三連音符は、弾いたか弾かないか自分でもわからないくらいのそっとタッチで。

いったいこの鐘たちは何なのだろう？　ルイ・ラロワというジャーナリスト（絵画の「印象派」の名づけ親でもある）によれば、これは「弔鐘」なんだそうだ。「トゥサン（万聖節）の晩課から死者のミサまで、村から村へ、黄色く色づいた森へと、夜の静けさの中を鐘が渡っていく」

「弔鐘」で思い出すのは、ラフマニノフの『鐘』である。といっても、フィギュア・スケートの浅田真央ちゃんが踊った『前奏曲嬰ハ短調』（ピアノ曲）ではなく、合唱交響曲『鐘』（一九一三年）のほうである。

テキストは、エドガー・アラン・ポーの詩『鐘』をロシアの象徴派詩人コンスタンチン・バリモントが翻訳したものにもとづいている。

「弔鐘」が鳴り響くのは、最後の第四楽章だ。「聞け、鐘の響きを／悲しげな鐘を／実らぬ夢の苦い終わりを、わびしい哀歌を／荒涼たる世界が、鉄の鐘の響きに宿る」というような陰々滅々たる内容の詩である。

ラフマニノフ自身は、作曲の動機を次のように語っている。

「生涯を通じて、私は、おおらかに鳴り響く鐘の音や、哀調を帯びた鐘の音の雰囲気や音楽に親しんできたのだ。そういう鐘に対する愛着は、ロシア人の誰もが持っている」

ドビュッシーの鐘は、同じ「弔鐘」でもずっと透明で、ずっと静寂に満ちている。全音音階のないまぜになった中でさまざまな鐘が響きあい、呼び合う。そのかすかな濃淡にさまざまな心の屈託が寄りそう。

中間部の五連音符では、細かい音符をペダルで混ぜて、「虹色に輝く霧」をふわーんと浮かび上がらせる。その上にくっきりと刻まれるメロディは、少し指を寝かせてこねるようにすると、「訴えるような」音が出る。

クライマックス、左手と右手が協力してひとつの大きなアルペジオをうねらせ、その上に二度の重なり合いが炸裂する。

再現部は鐘が四種類になる。ボーンと鳴っているバス、そのうえに滴り落ちる三連音符、ひらひらと舞い降りる六連音符、そして響きわたるメロディ。

弾いているうちに、これもまた「弔鐘」なのだと思うようになる。といっても、ラフマニノフのようにあからさまに悲しみを表現する鐘ではない。死者を想い、静かに祈りを捧げるときの、ちょうど仏壇のお鈴《りん》の消え入るさまに耳をすませているときのような。

30 アラベスク

『アラベスク』第一番は、私が最初に学んだドビュッシーのピアノ曲である。小学校五年生のころ、スコアリーディング（オーケストラの総譜をピアノで弾くこと）のレッスンに通っていた作曲の先生の家で弾いたところ、先生が歓声をあげた。

——すごい、音が違っている！

別に、楽譜に書いてある音を間違えて弾いたわけではない。他の、そのころ私が勉強していたベートーヴェンやショパンの曲を弾くときと、響きがまるで違って聞こえるというような意味だったらしい。作曲家の先生の歓声は、私に心地よい驚きをもたらした。

『アラベスク』第一番は、「亜麻色の髪の乙女」などとともにドビュッシーのもっともよく知られたピアノ小品だが、代表作というわけではない。

書かれたのは一八八八年ごろ、ドビュッシーがまだ世間的には無名の新進作曲家だった時代だ。パリ音楽院在学中に作曲家の登竜門であるローマ賞に応募し、三年目でようやく大賞を得て二年間ローマ留学。帰国後にカンタータ『選ばれた乙女』で楽壇デビューを飾ったばかりである。

お金もなく、『夢』『マズルカ』など一連の初期の作品とともに、生活費稼ぎのための「わかりやすい小品」として出版社に売られた。第二番は一八九四年に、あるピアニストの生徒によって初演されているが、第一番はいつ誰が初演したかもわかっていない。

若書きの『アラベスク』はしかし、タイトルも音楽の内容も、ドビュッシーの美学のエッセンスが詰まっているような作品である。

アラベスクとは「アラブ風の」ということ。転じて唐草模様をさす。イスラム文化圏では宗教上の戒律から人や動物を描くことを禁じられていたので、草木などを図案化した装飾文様が発達した。グラナダのアルハンブラ宮殿には、粋を凝らしたアラベスク模様がみられる。

繊細なアラベスクはドビュッシーにとって、カーヴを描くメロディの象徴でもあった。

パレストリーナやラッススなどルネサンス音楽を愛した彼は、ある評論の中で、「教会音楽の先駆者たちは、あの聖なる『アラベスク』を活用し、触れなば崩れんばかりに脆弱なアラベスクの唐草模様をくり広げてみせる」と書いている。

ドビュッシーによれば、この方法をさらにおしすすめたのがバッハだった。「バッハにとって、和声学の方式よりは音響の自由なたわむれのほうがずっと大事だった」と彼は書く。「平行し、交錯する音の曲線は、思いがけない開花を用意している。それは『惚れ惚れするようなアラベスク』が花盛りの時代だった」

ドビュッシーの『アラベスク』でも、左手と右手のなめらかな動きから、唐草模様のような美しいアルペジオがつぎつぎに紡ぎだされる。ときにゆったりと、ときにすばやく、平行進行や反進行をくり返し、ひとつの旋律から新たな旋律が枝わかれしてさらに発展していく。そこにペダルが加わると、すべての音がないまぜになり、思いがけない響きが生まれる。

小学校五年生のとき、『アラベスク』第一番を弾いた私の指は、たしかにこの「からみあう曲線たち」の快感を味わっていたように思う。

IV

31　音と香りは夕暮れの大気に漂う

二〇一二年はドビュッシーの生誕百五十年に当たる。

音楽雑誌はあいついで特集を組むだろう。ピアノ教育連盟でドビュッシー・フェスティヴァルが計画されているという話もきく。評伝や研究書も新たに刊行されるかもしれない。ドビュッシー作品によるコンサート、CDアルバムの数もぐっと増えるにちがいない。

私もいろいろと企画しているが、何しろ一九八九年からドビュッシー屋をやっているので、今さらという気持ちもなくはない。

自分が《ドビュッシー・シリーズ》を始めたころは、ドビュッシー作品だけで一夜を組むなどということは考えられなかった。記念すべき第一回のプログラムは『忘れられた映像』『映像第一集』『同第二集』『前奏曲集第一巻』で、ラインナップをきいた友人から、「そんなの眠たくならない？」と言われたことを思い出す。

第一回こそピアノ・リサイタルだったが、二回目以降は歌曲を折り込み、トークも入れてテーマ性のあるコンサートにした。文学に魅せられたこの作曲家にとって、まず大切だったのはテキストをともなう作品で、ピアノ曲はその余りのようなものでできていることが多いからだ。

『前奏曲集第一巻』の第四曲は非常に長いタイトルがついているが、これは象徴派の大詩人ボードレールの詩集『悪の華』に収められた「夕べの諧調」から取られている。

「今おとずれるこの時に、かよわい茎に身を悶え
花々は香炉のように溶けながら、
響《ひびき》も薫りも夕べの空にめぐり来る、
憂いは尽きぬこの円舞曲《ワルツ》、眩《くるめ》くような舞心地！」（福永武彦訳）

この三行目が、そのまま前奏曲のタイトルになった。聴覚、嗅覚、触覚などあらゆる感覚がないまぜになって交感するさまを歌った詩である。ボードレールは阿片の力を借りて五感を解放し、「眩くような舞心地」をよりどころに作詩したと言われる。

この第四行に「円舞曲《ワルツ》」が出てくるのもおもしろい。次のパラグラフでは同じ詩句が三行目に置かれ、二行目の「花々は……」は一行目に置かれている。三行おきに同じフレーズ。三拍子、つまりワルツである。

ドビュッシーの書いた音楽も、このシステムに拠っている。冒頭の小節は点線で三拍子と二拍子に分けられた五拍子で、いわば拡大解釈されたワルツ。男性が女性を抱いてくるりとまわす、二拍めと三拍めの間の無重力状態を音符であらわしているかのようだ。

『前奏曲集第一巻』は一九一〇年作だが、ドビュッシーは若いころ、同じ詩をテキストに歌曲を書いている。『ボードレールの五つの詩』の第二曲「夕べの諧調」である。

こちらは三拍子で、ナイチンゲールの鳴き声を模したピアノの三連音符が独特の浮遊感をつくり出している。青春時代の作品だから、メロディはぐっとロマンティック。ワーグナーばりの半音階で乗せていく。「憂いは尽きぬこの円舞曲《ワルツ》……」のくだりでは、ピアノのうずまくアルペジオが大気中に芳香をふりまく。

ボードレールではもう一曲、十年前に発見された晩年のピアノ曲がある。『ボードレールの五つの詩』では最初に置かれた「露台」の「暖炉の火が明るく映えるたそがれの頃」をそのままタイトルにした短い作品だ。

雰囲気はいろいろな前奏曲に似ている。四度で推移するモティーフも「音と香り」を思わせる。三度の連なりは「帆」のようだし、ふわふわ浮かぶ和音は「カノープ」を連想させる。

二十代から五十代まで、ドビュッシーの作曲家人生に漂いつづけた響きとはどんな香りだったのだろう。

32　八本指のための

私はミステリーが好きなので、なんでも謎解きの対象になる。

ドビュッシーは、一説にはショパンの弟子といわれるモーテ夫人に手ほどきを受け、およそ五倍の倍率を制してパリ音楽院のピアノ科に入学した。

まったくピアノの素養のない生徒をわずか一年の指導でそこまで引き上げてしまうすご腕の教育者……。さすがショパンの弟子、と言いたいところだが、モーテ夫人が実際にショパンに習ったかどうか、いくら文献を調べても確証はえられないらしい。

少なくとも、ショパンに習った人たちの証言を集めた『弟子から見たショパン』の著者、ジャン゠ジャック・エーゲルディンゲルはそう言っている。

でも私は、『十二の練習曲』の「五本指のための」の中間部で、ドビュッシーがショパン独特の練習システムを引用しているのを見て、孫弟子説を確信した。

このことは、同じ『練習曲』の「八本指のための」でも立証可能だ。

まず第一に、『十二の練習曲』は、デュラン社から依頼されたショパン全集の校訂をきっかけに生まれた。校訂作業中のドビュッシーは、モーテ夫人を通じて伝えられたショパンの貴重な教えについて感謝する手紙を書いている。

「モーテ・ド・フルールヴィル夫人――ピアノについて知っているほんのわずかのことを私は彼女に負っています――が亡くなってしまって残念です。彼女はショパンについて実に多くのことを知っていました」（一九一五年一月二十七日）

それでは、ショパンの貴重な教えとは何か？

秘密を解く鍵が、「八本指のための」に隠されている。

『十二の練習曲』の冒頭に、ドビュッシーはこんなふうに書きつけた。

「自分で自分の指づかいを探そうではないか」

実際に、十二曲の練習曲のどこにも指番号が書かれていないので学習者は苦労する。

しかし、「八本指のための」だけは例外で、脚注に、「このエチュードでは手の位置がよく変わるので、親指の使用は不都合である」と書いてある。実際には、親指を使ったほうが弾きやすいパッセージもあるようだが、この「親指抜き」がクセ者で、発想はショパンからきているにちがいないと思うのだ。

本書の「13　五本指のための」でも紹介したように、ショパンは五本の指が同一平面上に並ぶのを嫌い、長い指を黒鍵、短い指を白鍵に置く独特のシステムを開発した。彼が書きかけていた「ピアノ奏法」の草稿は死後姉のルドヴィカによって清書され、以降ショパンの愛弟子、ポーランドのピアニストと次々に所有者が変わり、一九三六年に競売にかけられてコルトーが落札した。

しかるに、ドビュッシーの『練習曲』は、コルトーが「ピアノ奏法」を入手する二一年も前に書かれているのだ。ショパンの練習システムの画期的なところは、親指と他の指の機能を切り離してしまった点にある。「練習曲作品一〇-八」は、その応用編だ。三本、ないし四本の指の連なりを親指の動きでひっ

私を裏切ったのは、誰だ？

犯人の特徴をもった
３人の男。

この中の誰が
殺人犯なのか――

私が愛したのは、誰だ？

怒り［上・下］

吉田修一

2016年
最大の
衝撃作ついに
文庫化！

中公文庫
◎定価 各648円（税込）

「悪人」を超える吉田修一の代表作！

あらすじ

八王子で起きた夫婦殺害事件。現場には「怒」の血文字。
1年後の夏、千葉・東京・沖縄に身元不詳の3人の男が現れ、
それぞれの物語が紡がれる。この中の誰が犯人なのか？

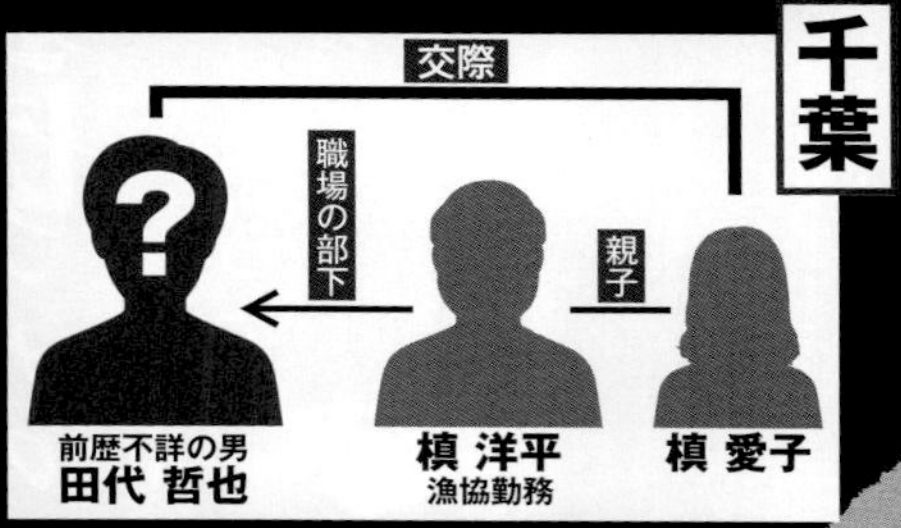

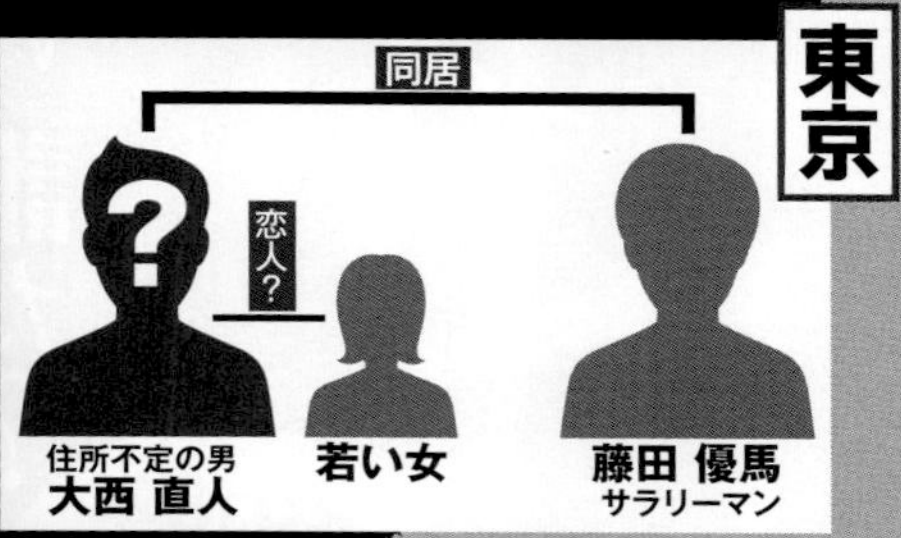

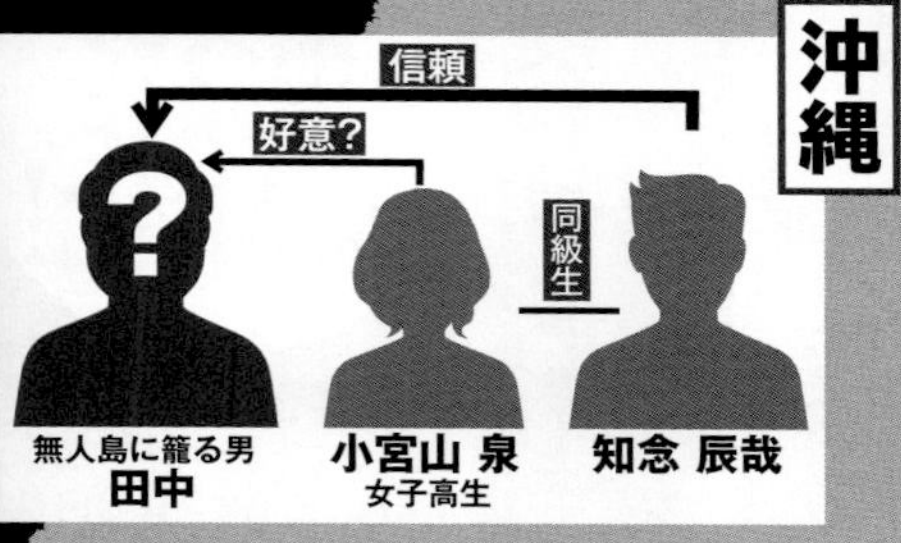

朝井リョウさん激賞！

怒りとは、大切なもの、信じたいものがあるから生まれるのだと思う。それを守りたいから、壊そうとする何かに怒りを抱く。だからきっと、人が怒る姿は余りにも必死に、言葉を変えれば、酷く滑稽に見える。そして、人は滑稽な姿を馬鹿にする。その下に眠る、人を滑稽にさせるほど熱く滾《たぎ》る感情に目を向ける前に。

この小説の連載を終えたあと、著者はこう言っている。「怒ることを諦めた人生を受け入れようとする」登場人物たちを、「最後に奮い立たせて終わるような小説はどうしても書けなかった。ただ、そんな彼らのことを信じ、誇りに思っている誰かがいることを彼らに分かってもらえればと思いながら書き続けていた」と。

この場を借りて著者に伝えたい。私たち読者は、あなたのことを信じ、誇りに思っている。あなたの書く人間の姿を決して笑わない。少なからず私は、滑稽に見えるかもしれない人間の奥底に流れる何かから目を逸らしたくないと、奮い立たされた。そして、大切なものを心の底から信じたいと、沸き立つように思った。

『怒り』に触れて、私は、自分の中の大切なものを摑みかけた気がしている。そして、その大切なものを失いそうになったり、信じられなくなったときには、大きな声でそんな自分、世界への怒りを表現していこうと、そう思っている。

あさい・りょう／1989年生まれ。2009年『桐島、部活やめるってよ』で小説家デビュー。13年『何者』で直木賞受賞。『世にも奇妙な君物語』ほか著書多数。

『週刊文春』（2014年3月6日号）より抜粋

映画化!

9月全国東宝系で公開

映画『怒り』【監督・脚本】李相日

©2016映画「怒り」製作委員会

日本映画史上、空前絶後の豪華キャストが集結!

【出演】
渡辺謙
森山未來
松山ケンイチ
綾野剛
広瀬すず
宮﨑あおい
妻夫木聡
ほか

ぱることによってスピード感が生まれる。他の指が弾いている間、親指はすばやく次の鍵盤の上に移動している。

ドビュッシーの「八本指」は、五本の指からこの「ひっぱる親指」を抜いた「四本指の連なり×二」だけでできている曲なのだ。

だから、わざわざ「親指ぬき」の「八本指」と指示したのだろう。

この曲のもうひとつの特徴は、ドビュッシーも注意をうながしたように、左右の手の目まぐるしい交替である。こちらの発想は、二段鍵盤だったころの楽器、クラヴサンからきているのだろう。実際にはピアノは一段鍵盤なので普通にしていたら手がぶつかってしまう。立体交差のようにどちらかの手を高くとって、下をするりとすり抜ける。

ここにペダルを加えると、いろんな音が混ざり合って、なんとも不思議な響きがする。右手と左手が激しく旋回するところなど、プリズムのようなまばゆさだ。

これこそが、ドビュッシーのオリジナル。白鍵と黒鍵でかたちづくられる「音響の宇宙」である。

33 帆

『前奏曲集第一巻』第二曲「帆」の原題は「Voiles」という。「帆」と訳してしまうとずばりヨットの帆だが、「Voiles」にはもうひとつ「ヴェール」という意味がある。

そう、花嫁さんのヴェールのヴェールだ。

フランス語には男性名詞と女性名詞がある。辞書を見ると、「帆」は女性名詞だが、「ヴェール」は男性名詞なのだ。

でも、なんだか反対みたいな気がしませんか？ ヨットの「帆」はごわごわしているし、花嫁さんの「ヴェール」はふわふわひらひら。

ドビュッシーの前奏曲はいったいどちらなのかというと、単数形で「La Voile」なら「帆」だし「Le Voile」なら「ヴェール」と区別がつくのだが、複数形でしかも定冠詞をはぶいてあるので、結局どちらだかわからない。

作曲家自身、二重の意味をもたせて楽しんだふしがあるという。「Voiles」の問題は単にタイトルにとどまらない。解釈の領域にまで踏み込んでくる。この曲を「帆」と読む人は、きっと、印象派の絵などによくある波止場の風景、ヨットの帆が風にたなびいているさまを思い浮かべてのどかに演奏するだろう。

音楽の教科書にも、ドビュッシーは「印象主義音楽の創始者」と書いてあったし。

対して、「ヴェール」と読む人はデカダン派だ。すぐに連想するのは、リヒャルト・シュトラウスがオペラ化したワイルドの戯曲『サロメ』の七色のヴェールの踊り。

そして、ドビュッシーが大好きだったロイ＝フラーという「フォリー・ベルジェール」のダンサー。

アメリカからやってきた彼女は、照明を巧みに使い、身にまとった巨大なヴェールをはためかせながら踊る「螺旋ダンス」で観客を魅了した。かのロートレックも彼女の姿をポスターに描いているから、見た方もいらっしゃるかもしれない。

そして私は、ある理由から、ドビュッシーの「Voiles」は絶対こっちに違いないと思っている。

この曲は、ほんの少しの例外をのぞいて全音音階で書かれている。

普通の音階は、長調なら全音、全音、半音……という並びになっているが、全音音階はすべての音の間が全音。とらえどころのない、とても不思議な響きがする。

この全音音階は二種類しかないので、どこにも転調しようがなく、調性感をぼかしたいドビュッシーにはうってつけの音階だった。

一般的には長調と短調で対比をつけるところ、ドビュッシーは短調のかわりによくこの全音音階を使っていた。ドビュッシーの曲を聴いていて、急に響きがほの暗くなり、かといって真っ暗ではなく、何だかどよーんとしてきたら、全音音階だと思えば間違いない。

一番典型的だと思うのは、『水の反映』のクライマックス部分だ。ベートーヴェンの『皇帝』を思わせるような輝かしい変ホ長調のアルペジオのあとに置かれている全音音階は、ちょうど雲が一瞬太陽を隠したような効果をあげている。

ただ響きをほの暗くするだけではない、ドビュッシーは二種類の全音音階を、ちょっとはばかられる場面にもよく使った。たとえば、ピエール・ルイスの詩にもとづく『ビリティスの歌』の第二曲「髪」。

恋人たちの髪がひとつにつながり、首飾りのように巻きつくという官能的なテキストの部分で、音楽はどっぷり全音音階に浸されている。

「Voiles」はこの全音音階だけで書かれているのだから、最初っから最後までどよーん、官能的だと思えば間違いない。

誰だ、「帆」なんて訳したのは……。

34　月光の降りそそぐテラス

テレビ朝日『題名のない音楽会』にゲスト出演した。

二〇一二年はドビュッシー生誕百五十年に当たるので、特集したいとのこと。ご一緒するのは、作曲家でピアニストの藤井一興さん。「月の光」を弾いてくださるというので、「ぜひ歌曲の『月の光』も紹介させてください」とディレクターさんにお願いした。

「お前の心はけざやかな景色のようだ……」で始まるヴェルレーヌの有名な詩につけた歌曲。ドビュッシーはこの詩にこだわりがあるようで、二回も音楽をつけているが、今回は初期のほうをソプラノの吉原圭子さんに歌っていただいた。

ピアノの和音が月の光のように降り注ぎ、細く軽やかな声が典雅なメロディを奏でる。ピアノ曲のように有名ではないが、とてもステキな作品だ。

せっかくだから、同じく初期の歌曲『ピエロ』（バンヴィル・詞）も歌っていただくことにした。こちらはうってかわってコミカルな曲。ピアノの伴奏は、童謡『月の光』のモティーフ「ドドドレミーレー」のパラフレーズといった風情。

「月はあおーい、ピエロさん、貸してよペンを、字を書くの」

フランスでは生まれ落ちた子供たちが必ず聴くというこの童謡、私も子供のころよく口ずさんだものだが、若いディレクターさんは知らないという。

仕方なく、解説からはずした。童謡『月の光』を知っている方には、ピアノの前奏を聴いただけでそれとわかり、おもしろさが倍になって伝わるはずなのだが……。

ピエロは十六世紀北イタリアに発生した「コメディア・デッラルテ」の道化が起源だ。だぶだぶの衣装を着て、いつもすばしこい道化のアルルカンにぽかぽかぶたれている。

コロンビーヌが好きなのに、伊達男のアルルカンにとられてしまう。そこで、月を見ながら涙を流す。

この「涙を流すピエロ」像を確立させたのが、映画『天井桟敷の人々』のモデルになったジャン＝ガスパール・ドビュローというパントマイム役者で、ドビュッシー『ピエロ』の歌詞でも最後にその名前が出てくる。

このあたりのエピソードも、ピンとくるのはある年代以上の方だけだろうか。上田敏や堀口大學の訳でヴェルレーヌを暗誦した世代ははるか彼方のこと。ドビュッシーとその時代について説明しようとすると、いつもじれったい思いにかられる。

ドビュッシーは、童謡『月の光』のモティーフを、ずっとあとになってもう一度使った。『前奏曲集第二巻』の「月光の降りそそぐテラス」だ。

といっても、わかりやすいベタな形の『ピエロ』と違って、「ソ♯ソ♯ソ♯ラ♯ソ♯ーミ♯ー」と変形させ、三度の不思議な響きをつけ、注意して聴かないとあの童謡に聞こえないぐらいデフォルメされている。

「月の光」モティーフを、これも不思議な音列のアラベスクがふちどっている。全体に幽玄な曲で、お香のようにするすると立ちのぼり、無限の余韻を残して消えていく。

　こちらのタイトルは、『ル・タン』という新聞に掲載されたイギリス領インドの戴冠式の模様を伝える記事からとられたという。一九一一年十二月、国王に即位したばかりのジョージ五世がインドを訪れ、デリーで行われた戴冠式典でインド皇帝としても即位した。

「勝利の広間、喜悦の広間、サルタンの広間、月光の降りそそぐテラス……」

　かつて普仏戦争のとき、プロイセン国王の戴冠式のためにヴェルサイユ宮殿を提供しなければならなかったフランス人は、この記事をどんな気持ちで読んだのだろう。

　ちなみに、ジョージ五世といってもピンとこない向きには、人妻シンプソン夫人との恋で王冠を捨てたエドワード八世のお父さん……ダメだ、まだ古い。アカデミー賞受賞作『英国王のスピーチ』の主人公、ジョージ六世のお父さんでエリザベス女王のお祖父さんと言えば、もしかするとわかっていただけるかもしれない？

35　対比音のための

レインボーカクテルというのがある。比重の違うリキュールを重たい順に注ぎ、下からだんだんに層をなしていくのを楽しむ。どのリキュールを使うかはレシピ次第らしいが、私の手元にあるのは以下の七点。グレナデン・シロップはざくろだから赤、クレーム・ド・メンテはペパーミント・グリーン、バイオレット・リキュールは紫、マラスキーノはさくらんぼのリキュールだが色は無色透明、ブルー・キュラソーは青、シャルトリューズ・ジョーヌは黄色、ブランデーは琥珀色。

ま、飲んでおいしいものではないらしいが。

ドビュッシーの『十二の練習曲』の第十一番「対比音のための」を弾くと、ついこのカクテルを思いだしてしまう。

最初に三層に分かれたソ♯がチーンと鳴らされ、その下に全然まざらないラがアルペジオでぶるるんともぐりこんでくる。バスは下のほうで重たくボーン。この六層はペダルでのばされて空中にふわーんと漂う。

中間層では、「悲しげに」と書き込まれた旋律がべったりと歌われる。この「ふわーん」と「べったり」が「対比するもの」ということなのだろう。主部にはいると、「表情豊かに、深く」と記された息の長い旋律が三層に重ねられて、上の「チーン」、バスの「ボーン」をともないながら　どこまでも歌いつがれていく。

深い響き、鋭い響き、柔らかい響き、輝く響き、くぐもった響き、透明な響き、濁った響き。

それぞれの層が水平に展開し、全体としてひとつの音響宇宙を形づくる。

『十二の練習曲』は一九一五年夏、第一次世界大戦のさなかに書かれた。

前年の六月に起きたオーストリア皇太子暗殺事件に端を発し、八月にはフランスもドイツに宣戦し、総動員令がくだった。フランスの知識人たちは、決然と動員令に応じる者、徹底的に戦争反対を叫ぶ者に分かれたが、ドビュッシーはそのどちらでもなかった。

「ご存知のとおり」と彼は、一九一四年八月八日付の手紙でデュランに書く。「私は、一向に冷静ではないし、またまるで軍人精神を持ちあわせてはいないのです。鉄砲にさわる機会はかつて一度もなかったし、それに七〇年の思い出を思いあわせてください」（平島正郎『ドビュッシー』音楽之友社）

七〇年というのは普仏戦争のことで、ドビュッシーは八歳だった。父親は戦争のために職を失い、ドビュッシーは母親と疎開を余儀なくされた。パリ・コミューンの乱が起きたとき、コミューン側の兵士として戦った父親は捕らえられて牢屋にぶちこまれ、残された家族は辛い思いをしたのだ。

十月のデュランへの手紙には、「あなたに書いているあいだじゅう、兵隊さんたちが、ラッパや太鼓の練習をしています。そのふしやリズムが、二人の『リヒャルト』（ヴァーグナーとシュトラウス）の最上の主題を、否応なしに思い出させる」と書かれている。

「対比音のための」も、中間部でこのラッパのモティーフが挿入される。モティーフの下には「遠くから、しかしはっきりと、喜ばしげに」と記されている。

進軍ラッパが「喜ばしげに」！

おまけにこのとき、ドビュッシーは病気だった。『十二の練習曲』を完成させたあと、海辺の避暑地からパリに戻ったドビュッシーは直腸ガンと診断され、手術を宣告された（兆候は一九〇八年ごろからあり、出血や痛みに苦しんでいたらしいから、発見が絶望的に遅れたと言わざるをえないだろう。本人には告知されず、最後まで「直腸炎」と思い込まされていた）。

戦争と病気のさなかに「喜ばしげな」進軍ラッパのモティーフを書く作曲家。ドビュッシーのそんな「対比」の精神にも興味がある。

36 抽象画ふうに

若いころのドビュッシーはばりばりの前衛音楽作曲家で、一音符書くごとに「音楽の国の検察官から追いかけまわされた」。一九一三年作の『前奏曲集第二巻』やバレエ音楽『遊戯』は、ブーレーズによって二十世紀音楽の扉を開いたと評価されたが、はたして現代音楽や現代美術にどこまで理解があったのだろうか。

たとえばシェーンベルクは、十二音技法の考案者として二十世紀音楽に多大な影響を与えた。しかしドビュッシーは、一九一四年のあるインタビューに答えて、「未だかつて私は彼の作品を何ら耳にしたことはありません。彼について書かれていることに興味を抱いたので、私は彼の弦楽四重奏曲のスコアをひとつ読む決心をしたのですが、まだそうするに到っていません」と答えている。

何も聴いたことがない？　本当だろうか。たしかに、十二音技法を使った『ピアノ組曲作品二五』が書かれたのはドビュッシーの没後だが、シェーンベルクが初めて無調で書いた『三つのピアノ曲作品一一』（一九〇九年）とか、テーマ的に興味があるはずの『月に憑《つ》かれたピエロ』（一九一二年）も知らないなんてことがあるだろうか。

その後、シェーンベルク研究はすすんだのだろうか、翌年の友人への手紙では、ストラヴィンスキーについて「危険なほどシェーンベルクの側になびいている」という表現がみられる。そのストラヴィンスキーについてドビュッシーは、『ペトルーシュカ』は手放しで賞賛したが、「美しい悪夢」とよんだ『春の祭典』にはある種の恐れを感じていたようだ。

印象派など美術運動とむすびつけられることの多いドビュッシーだが、絵画での興味の範囲は限られていたように思う。若いころに彼が好きだったのはボッティチェリやモロー、ロセッティやバーン＝ジョーンズなどのラファエロ前派、ターナーで、このうちターナーへの愛は二十世紀にはいっても持ちつづけた。

一九〇二年にはロンドンのテート・ギャラリーを訪れ、ターナーの部屋で長い時間をすごしたという。〇八年には、「芸術界に存在する最もすばらしい神秘的創造家」ターナーにまで「印象派」のレッテルを貼ろうとする美術評論家に異議をとなえている。

同じ年、サロン・ドートンヌでマティス、ドラン、ヴラマンクやルオー、ボナールなどの作品を観たときは、出品者たちが「皆の、絵画に対する嫌悪感をつのらせようとしている……」と切って捨てた。

しかし、ドビュッシーのある種の作品には、フォーヴィスムよりさらに抽象的な、むしろキュビスムに通ずるようなものがある。たとえば、『映像第一集』の「運動」や『前奏曲集第二巻』の「交替する三度」。

両曲とも、ルーツは十八世紀のクラヴサン音楽の二段鍵盤技法である。鍵盤の高低差を利用して両手を激しく交替させる。もちろんピアノは一段鍵盤だから、両手の高さを変えるしかないのだけれど。

「運動」はポンポンはずむ五度ではじまる。からんと乾いたスタッカート。その上に三連音符のモティーフが乗ってきて、めまぐるしく、しかし規則的に動く。やがて五度は右手に移行し、左手の三連音符が、やはり規則的に動く。「三度」は左手と右手の三度が交替にポンポンはずむ。寄木細工のように組み合わされた三度がさまざまに響きを変えながら、さまざまに進行しながら、しかし決して「印象派ふうに」ラインがぼやけることなく、鋭角的に組み上げられていく。

これらの楽曲が連想させる絵画は、もちろんモネではなく、ターナーでもなく、マチスやルオーでもなく、たとえばミロやクレーなどの抽象画だ。

一九一〇年、ハイドン没後百年を記念した企画で、ハイドンの名前のつづりにもとづくピアノ小品を依頼されたドビュッシーは、五つの音列をのばしたり縮めたり和音をつけたり、あらゆる方法で料理して、魅力的なコラージュに仕立ててみせた。

素材を緊密に組み上げることにおいても、ドビュッシーは並々ならぬ力量を示した。もしかすると、十二音技法を使っても、彼は見事に造型してみせたのではないかと、ひそかに思っている。

37　イヴォンヌ・ルロールの肖像

パリのオランジュリー美術館で開催されていた展覧会「ドビュッシー、音楽と美術」が二〇一二年七月から十月まで、日本に引っ越してきた。

チラシの表にはルノワールの「ピアノに向かうイヴォンヌとクリスティーヌ・ルロール」が、裏にはモーリス・ドニ「イヴォンヌ・ルロールの肖像」が掲載されているが、タイトルを見なければ二枚の絵が同じ人物を描いているとは思いもよらないだろう。

ルノワールの絵は、この画家の描く女性すべてがそうなようにふくよかでどこまでも丸く、ぷっくりした頬、肉付きのよい背中と尻、ぽってりした腕……とにかく丸い。

対してドニの描くイヴォンヌは八頭身をとおりこして九頭身ぐらいで、首は鶴のように長く、からだの線はパリ・コレのモデルのように鋭角的で、とにかく細い。

いったい実物はどうだったのだろうと思うと、ドガが撮影したルロール姉妹の写真が残っていて、ルノワールよりはドニの肖像にはるかに近かったことがわかる。

一枚はドガのセルフ・ポートレートで、横顔を見せてソファに座っているドガの向こうで、クリスティーヌは暖炉にもたれ、イヴォンヌは正面を向いて肘掛け椅子に腰かけている。もう一枚はルロール親子の写真で、クリスティーヌは鏡の前に立ち、ルロールは正面を向いてドアにもたれ、イヴォンヌは横を向いて椅子に座り、その正面像が鏡に映し出されているという、凝った図柄である。

ルノワールやドガのような大画家に絵を描いてもらったり写真を撮ってもらったりしたこのイヴォンヌ・ルロールとは何者なのかというと、父のアンリが画家で、ルノワールやドニのパトロンでもあった。

イヴォンヌの母は、身分の高いエスキュディエ家出身で三姉妹の長女。次女はドビュッシーの先輩作曲家ショーソンの妻だから、ルロールはショーソンの義兄に当たる。

やはり大富豪のショーソンは、ローマ留学から帰ってきたドビュッシーの才能を愛《め》で、パリ近郊の広大な別荘に招いたり、貧しい屋根裏部屋に住んでいた後輩にアパルトマンを世話したり、何くれとなく面倒を見ていた時期がある。その縁でルロールもまた、物心両面でドビュッシーを庇護した。

ドビュッシーはショーソンのつてで上流階級のサロンに出入りし、サロンの歌姫と婚約したりしたが、前からの愛人との縁を切っていなかったことがばれてお出入りさしとめになってしまう。

しかし、ルロールだけはドビュッシーを支援しつづけ、一八九四年冬には自宅で試演会を開き、作曲中のオペラ『ペレアスとメリザンド』を紹介する機会を与えている。

そして、ドビュッシーはイヴォンヌに恋をしたのだった。

一八九四年冬、ちょうど『ペレアス』試演会の時期に書かれ、イヴォンヌに献呈された『忘れられた映像』（生前未出版）の自筆手稿には、こんなことが記されている。

「これらの作品は、輝かしく照明されたサロン――普通は音楽があまり好きではない人々が集う――を恐れます。それはむしろ、自分自身とピアノとの間の対話なのです」

貧しい階級に生まれ育ち、パリ・コミューンで逮捕された父親をもつドビュッシーは、どうしても心からは上流社会になじめなかった。

そして、イヴォンヌもまたドビュッシーと釣り合う相手ではなかったのだ。やがて彼女は結婚してルアール夫人と名前を変える。彼女のために書かれた『忘れられた映像』のうち第二曲「サラバンド」は、冒頭の和音のほんのいくつかの音を変えただけで『ピアノのための』の第二曲に組み込まれ、あらためて「ルアール夫人」に献呈されている。

「イヴォンヌ・ルロールの肖像」を見ながら、こんな恋の名残に思いをはせるのも一興かもしれない。

38　ゴリウォーグのケークウォーク

フランスの名ピアニスト、アルフレッド・コルトーが『子供の領分』を弾いている映像を見たことがある。おそらく子供向けのテレビ番組なのだろう、スタジオでコルトーが演奏しているそばで、小さな子供やその人形たちが、それぞれの楽曲にふさわしい寸劇を演じたり踊りを踊ったりする。

最後の「ゴリウォーグのケークウォーク」は、まずけたたましいベルの音で開始する。それから、まんまるな目、もじゃもじゃのアフロヘア、真っ赤な口をぽかんとあけた黒人の人形が、コルトーのピアノに合わせてぎくしゃくした踊りを踊る。

これが、一八九五年にアメリカの絵本作家フローレンス・アプトンによって考案され、のちに人形になったりキャラクター化されて大人気を博したゴリウォーグである。

ケークウォークはハバネラと同じルーツをもつ黒人のダンス音楽のリズムで、はずむ二拍子とシンコペーションに特徴がある。フォークダンス世代は、『オクラホマミキサ』の「タラン、タッ、タッタッ、タラン、タッ、ター」を思い出してください。

ドビュッシーのピアノ曲では、『小さな黒人』や『風変わりなラヴィーヌ将軍』がこのリズムで書かれている。「ゴリウォーグ」のイントロでは、両手がユニゾンで「タラン、タッ、タッタッ」のリズムを弾き、高いところからだんだん下がっていって、最後にスフォルツァンドの和音でしめくくる。

我が師、安川加壽子先生は、このイントロの弾き方がめちゃくちゃ上手だった。

額の上ぐらいまで両手をふりあげ、えいやっとばかりにうちおろしながら、一気に「タラン」と弾く。黒鍵の幅は一センチくらいしかないのだが、先生は名手だから、もちろん音がはずれたりはしない。必ず命中する。

打ちおろしたと思ったら、腕はまたはずんでおでこのあたりまではね上がっていく。

せっかく跳ね上げたのに、弾くのは「タッ」の部分だけ。もったいないなと思っていると、腕はまた跳ね上がって「タッタッ」と打ち下ろす。

これがくり返される。

最後の和音がまた、すごい。両腕を、ちょうどバレーボールのサーヴのような形にそろえてバサッと叩きつける。

ケークウォークはジャズの前身だから、シンコペーションのリズムにも遊びがなければならない。腕を振り上げて打ち下ろすと、そのぶん自然の間合いができる。それが、ケークウォークのリズムの遊びにぴったりなのだ、と安川先生はおっしゃっていた。

主部がはじまっても、先生の腕の上下動は止まらない。左手のきざみは、バスと和音、それぞれに打ち下ろす。右手はケークウォークのリズム。やはり、

「タラン」「タッ」「タッタ」とはずませる。圧倒的な躍動感、きれのよさがたまらない。

中間部はうって変わって皮肉っぽい音楽だ。人をばかにしたようなきざみがちょんちょんとはいり、おもむろにワーグナー『トリスタンとイゾルデ』の前奏曲が奏でられる。

ドビュッシーがつけた表情記号は「たくさんの感動をこめて」。

それからしばらく、ちょんちょんきざみとトリスタン和声が交互にくり返される。

考えられるかぎりもっとも軽快な音楽と重厚なワーグナー和声との奇妙なコントラスト。もちろんこれは、アンチ・ワーグナーを標榜していたドビュッシー一流の風刺なのである。

『子供の領分』は、一九〇八年に刊行され、三年前に生まれた愛娘シュシュに捧げられた。

表紙は、ドビュッシー自身のイラストで飾られている。

象の背中からひもがのびて、その先に大きな風船のようなものがついている。

かわいらしい象の図柄は、シュシュのベッドのお供だったぬいぐるみ「ジンボー」である。そして、風船の顔はもじゃもじゃヘアにまんまるの目、大きな口。そう、ゴリウォーグ人形だ！

一九一八年にドビュッシーが亡くなったあと、コルトーはシュシュの前で『子供の領分』を弾いている。どうだい、お父さんと同じぐらい上手だろう？ ときいたところ、シュシュはこう答えたという。

「たぶんね。でもパパはもっと自分の音をよく聴いていた」

39　スケッチブックから

ドビュッシーの自作自演を収めたアルバムは、私の宝物である。

一九一三年、ヴェルテ＝ミヨニン社のピアノ・ロールのために録音したものがCD化されている。『子供の領分』全曲。『前奏曲集第一巻』からは「沈める寺」「パックの踊り」など五曲。『版画』から「グラナダの夕」、小品では『レントよりなお遅く』『スケッチブックから』。

一聴して、不思議な既視感をおぼえた。自分のドビュッシー評伝の副題に「想念のエクトプラズム」とつけたのだが、本当にそんな感じだったからだ。

エクトプラズムとは本来心霊用語で、霊の姿が物質化されたもの。霊能力者の口から半透明の白い煙が出ている写真を観たことのある方がいらっしゃるかもしれない。もちろん、トリック写真が多いのだろうが。

「作曲の秘密など、誰に知れましょう」とドビュッシーは語っている。「海のざわめき、地平線の曲線、木の葉のあいだを吹きわたる風、小鳥の鋭い啼き声、そういうものがわれわれの心に、ひしめき合う印象を与えます。すると突然、こちらの都合などには少しも頓着なしに、そういう記憶の一つがわれわれのそとに拡がり、音楽言語となって表出するのですよ」（ドビュッシー『音楽のために』杉本秀太郎訳）

こんな言葉から、なんとなく、作曲家の体内から漏れだしてふわふわ浮かぶエクトプラズムのようなものが音高をもち響きをもちリズムをもち……というイメージを思い描いていたのだが、自演を聴いてみたらその通りだったのだ。

私自身、ドビュッシーを弾くときは特別な感覚がある。モーツァルト、ベートーヴェンやショパン、シューマン、ラヴェル……など、他の作曲家の作品を弾くときに比べるとずっと意識的ではない、意識的ではないほうがうまくいくというか。

自分の磁場をなるべくしなやかに、どんなものにも対応するようにするする拡げておくと、そこにドビュッシーの音楽がいつのまにか忍びこんできてくれる。そして、一緒になってのびひろがってくれる。

だからやっぱり、降霊するという感じなのだろうか。

そんなエクトプラズム感が一番よくあらわれていると思うのが、中期の小品『スケッチブックから』である。

変ニ長調という頭がくらくらするような調性で、いつも波間に漂っているような、いや、音楽そのものがどこかで人しれず発生した波のようで、ひねもすのたりのたりしながらときどき膨れて水しぶきを飛ばし、しかしまた何ごともなかったようにくねくねとうごめく。

スケッチブック……と言っても絵のスケッチではない。作曲のアイディアを書き留めておく作曲帳のことである。ドビュッシーが、『仮面』や『喜びの島』を初演したリカルド・ヴィニェスに、この曲は作曲帳からひっぱってきたように、まるで即興演奏のような自由さで弾いてほしいと頼んだところからこのタイトルがつけられたという逸話がある。ヴィニェスは優れた弾き手だったが、水分をたっぷり含んだ演奏ではなかったので、ドビュッシーはときに不満だった。

やはり一九〇四年作の『仮面』と『喜びの島』が、もともとは『サラバンド第二番』とともに『ベルガマスク組曲』として出版されるはずだったことは先に書いた。真ん中のサラバンドは所在不明なのだが、もしかしたらこの『スケッチブックから』がそれかもしれない。ゆったりした波のようなリズムは、『喜びの島』の中間部にとてもよく似ている。

しかしこの小品はまた、同時進行していた交響詩『海』の第一楽章「夜明けから正午まで」にもよく似ているのである。フラットが五つもついた調性もそうだし、それこそ波のリズムも、いろいろなモティーフの重ね方も、「夜明けから……」を連想させる。きっと、交響詩『海』のほんのひとしずくがぽたりと落ちたのが『スケッチブック』だったのだろう。

『スケッチブック』の初演は一九一〇年になってから。弾いたのはヴィニェスではなく、なんと、かのモーリス・ラヴェルだった。どこもかしこも丸かったドビュッシーに対してどこもかしこも角張っていたラヴェルが、なまこの化け物のような『スケッチブック』をうまく弾けたのだろうか。ちょっと心配になってくる。

40 花火

夏のある日、仕事で大阪に行ったら、たまたま淀川花火大会の日だった。そしてたまたま、ホテルは会場の最寄り駅の近くだった。

フロントで鍵をもらうとき、ためしにきいてみた。

「もしかしてお部屋から花火見えますか？」

ホテルマンはルームナンバーを一瞥して、いいえ、残念ながらと答えた。

与えられた部屋は屋上のひとつ下の階だった。窓の外から道路を見ると、はるか下に浴衣を来た若いカップルが列をなしている。列は警官の先導のもとに横断歩道をわたり、橋をわたり、やがて河川敷の方へと流れていった。

会場ははるか遠くなのだろう。

私はあきらめて、テレビをつけた。

あたりが暮れなずんできたころ、どこかでドカーン、ドカーンと音がした。それほど遠い感じではない。花火が始まったのだろう、しかし、音はすれど姿は見えず。

またあきらめてテレビを見ていたが、どうもあたりがチカチカする。再び窓の外を見ると、なんと、真正面に花火が打ち上がっているではないか。

ホテルマンは部屋の方角を間違えたにちがいない。行列して河川敷を歩く必要もなく、部屋にいながらにしての花火見物となった。

最初の数十発が華々しく打ち上がったところで、激しい雨がふってきた。下を見ると、横断歩道はまだカップルで埋まっていて、傘ももたず右往左往している。

せっかく浴衣を着たのに、さえぎるものとてない河川敷では、どんなに困るだろう。気の毒に思いつつも、目は次々に打ち上がる花火を追っている。

細かくぱちぱちはぜるもの、火の玉がひゅるひゅるとのぼって、あとでしだれ柳のように降ってくるもの。ピースマークやドラえもんなどの変わり花火。

雨はいっこうやむ気配を見せないが、今さら中止にもできないのだろう。

さまざまな花火のヴァリエーションを楽しみながら、私は、ドビュッシー『前奏曲集第二巻』の「花火」に思いをはせていた。

曲は、線香花火のようなかすかなきらめきで始まる。ときどき、流れ星のように尾をひく光。それからどんどん発展していって、いったんグリッサンドで落下したあと、また細かい火花がとびかい、やがて夜空いっぱいに大輪の花を咲かせる。

炸裂するオクターヴ、渦をまくアルペジオ、あられのようなスタッカート。百花繚乱である。

こちらは、パリ祭の夜、淀川ならぬセーヌ川の上に降り注ぐ花火だ。ドビュッシーもまた、自宅にいながらにしてこの花火を楽しんだのだろうか？

「青いビロードの空に炸裂し、下を流れる銀色に輝く川面に反射する無数の宝石にあふれた、パリ祭の夜の魅惑を、彼は、あたかも自分の家の裏庭からむしり取ったかのようである」と『ドビュッシーとピアノ曲』の著者、ロバート・シュミッツは書いている。

「七月十四日の夜、華やかな色で瞬間的にひらめいて、万華鏡さながらに形を変えていく花火とその反映がきらきらと交錯するなかで、天と地が溶け合うのを見るためには、ほとんどの目ききは、セーヌ川に掛かる多くの橋の上のどこかに場所を見つけるのである」

「花火」を作曲したころドビュッシーが住んでいた一軒家は、エトワール広場からほど近いところにあった。もしかしたらほんとうに庭から見えたのかもしれないし、シュシュを連れて、セーヌ川まで見物に出かけたかもしれない。

一九一二年夏、パリ南西のムードンで花火を見たという説もある。

でも、ドビュッシーの「花火」は、けっしてそのものの描写ではない、と私は思う。

ドビュッシーは、モネなど印象派の画家たちのように、目に見えたものをそのまま楽譜に写しとろうとした人ではなかった。風景にしても人物にしても、いったん彼の記憶の中にとどめられ、他のいろいろな感覚とまざりあい、それから何かの折りにメロディやハーモニーやリズムを与えられて流れ出てくる。

ドビュッシーの「花火」は夢の中の花火、彼が体験した一番ステキな花火の思い出なのだ。

エレジー――あとがきにかえて

十枚めのCDアルバム『ドビュッシーの神秘』の収録を終えたところである。『前奏曲集第二巻』をメインに、中期と後期の小品を配した。最後に置いたのは、晩年の小品『エレジー』。

一九一五年夏、『十二の練習曲』や『チェロ・ソナタ』、二台ピアノのための『白と黒で』などの傑作を一挙に書き終え、パリに戻ったドビュッシーは、長年苦しめられてきた「直腸炎」（実は直腸癌）が重篤な状況になっていることを告げられる。

十二月七日に手術。『エレジー』は、その一週間後に書かれたとも言われている。

冒頭には、「ゆっくりと、苦しげに」と記されている。ポーにもとづく未完のオペラ『アッシャー家の崩壊』の序奏と同じ表情記号だ。

チェロを模したモノローグが、装飾音をともないつつゆるやかにおりていく。一音一音に万感の思いがこもっていて、しかし爆発することなく、口ごもるようなふうが余計せつない。それを受けた右手はまるであやすようなやさしいメロディを奏で、こらえきれなくなった左手がふと、愚痴をもらす。

それも、二回つづけて。

ひめやかな呪詛《じゅそ》は、鍵盤の下のほうでしばしうごめいたあと、ふっつりとぎれる。

ドビュッシーは、自らを恃《たの》むところが大きかったと言われている。

それまでの、長調と短調だけの音楽ではなく、喜びの中の悲しみ、絶望の中の不思議な歓喜、意地悪な皮肉、焼けつくような欲望と、悦楽のあとのむなしさ。ドビュッシーは、人間のマイナスの感情までも音と響きに託そうとした。

自らを「幸福の偏執狂」と呼んだように、おいしい料理を食べたときのセンセーション、かぐわしい花の香り、耳に心地よい響き、美しい女性たちの髪の触感。浮き立つような五感の喜びも爆発させた。

抽象芸術にも近づいたが、同時にとてもロマンティックな音楽も書いた。高尚な趣味も持っていたが、ミュージックホールやヴォードヴィルのショーにも夢中になった。

文学も美術も彫刻も、すべての芸術が「音楽の状態に憧れる」という、ウォルター・ペイターの有名な言葉の、その憧れられる音楽をつくりたいという強い願望と、つくることができるという自負。

夢はすべて実現できたのだろうか。実現できたとしても、理解されたのだろうか。

何より、もう長くはその仕事をつづけることができないかもしれないという悔悟の念。

「音楽をつくらないクロード・ドビュッシーには、もはや存在理由がありません」と、のちに彼は書いている。

「音楽以外のものを私は教わらなかったのです……。音楽をたくさん書かなければ、我慢できないのです」（一九一六年六月八日の手紙）

ドビュッシーはそれから一年と九ヶ月ほど生き長らえたが、作品はほとんど書いていない。「運命は自分にこの作品を完成させることを許すべきです」とまで言い切った『アッシャー家の崩壊』も未完に終わり、同時進行していた『ヴァイオリン・ソナタ』を完成させ、ガストン・プーレと初演を果たしたところで力尽きた。

『エレジー』からは、死を意識した作曲家の無限の想いが伝わってくる。

＊

本書は、『音遊人』二〇〇六年四月号から二〇一二年九月号まで連載した文章に新たに七本を書きおろしたものである。

発行元がピアノ・メーカーであるところから、作品はピアノ曲に限定した。『エレジー』は悲しい曲だが、ドビュッシー音楽をとりまく未来は決して暗くないと思う。生誕百五十年に当たる二〇一二年、私は、『ペレアスとメリザンド』の「地上の場」に通じるようなきらめく光、さわやかな風を感じるのである。

パリのバスティーユでは、小劇場で『アッシャー家の崩壊』と『鐘楼の悪魔』、大劇場で『ペレアスとメリザンド』が上演された。シテ・ド・ラ・ミュジックで開かれた国際シンポジウムでは、ドビュッシーの新たな顔、未知の作品が紹介された。

オランジュリー美術館では、「ドビュッシー、音楽と美術」という大規模な展覧会が開かれ、日本でもブリヂストン美術館で開催されている。印象派一辺倒ではなく、象徴派の詩人や画家たちとのかかわりに焦点が当てられているのが嬉しい。

一九八九年に私が、ドビュッシーと時代背景をめぐる《ドビュッシー・シリーズ》を開始したころ、ドビュッシー作品で一夜を組むのは本当にめずらしかった。しかしこんにちでは、ピアノ曲の全曲演奏会をはじめ、管弦楽や室内楽、オペラや歌曲を含めたさまざまな催し物が企画されている。

多面的なドビュッシーの、そのほんの一部しか広く享受されてこなかった日本で、いっそうの理解が深まることを信じて、私のささやかな一冊がそのためにいくばくかの助けとなることを願ってやまない。

連載時にお世話になった『音遊人』編集部の五十嵐英夫さん、単行本に編んでくださった中央公論新社編集部の藤平歩さん、装丁を担当してくださった永井亜矢子さんに厚く御礼申し上げる。

二〇一二年七月

青柳いづみこ

解説

小沼純一

はじめのページをひらくと、眼にはいってくるのは行分けになった詞です。先入観はおそろしい。予想していたことばのかわりに、知ってはいる、知ってはいるけど、あれ、なんか……とおもっているうち、それが往年の、ラジオから、テレヴィからよくながれていた曲の歌詞だったことに気づかされます。

引かれているのは島谷ひとみの歌った「亜麻色の髪の乙女」。一九六八年に男性ばかりのグループ・サウンズ、ヴィレッジ・シンガーズでヒットしたとき、そして二十一世紀になってほどなく女性シンガーのとき、それぞれどんなふうに違うか、著者は対比してくれます。それからさっとおなじタイトルを持っていながら、当然べつの「亜麻色の髪の乙女」、ドビュッシーの小品へと、さらに作曲家の髪フェチのエピソードへとはなしを進めてゆきます。

こうしたはなしの進め方が本書のタイトルどおり「散歩」です。

散歩に決まったやり方はありません。自分なりの流儀を守る人もいるとおもいますが、ここでの散歩はもっと自由です。ときどき寄り道したり脱線したり、戻ったり。ときにはたまたま出会った何かに吼《ほ》えてみたりすることだってあるかもしれません。

散歩するピアニストにして文筆家も、そのときどきで気分も違うし、ふれようとする対象によって手つきも態度も変わってきます。指先だけでちょっと、ということもあるでしょう。てのひらをさしだすこともあります。でも、手袋があったほうがいいものだってあるかもしれないし、新聞紙が必要なことだってあります。

季節によって、天気によって、着ているものを替えるのもあたりまえ。誰が読んでもすぐわかるような語り口がほとんどのこともあれば、ときにはやはりピアニストとして、音楽家としてこれは言っておかなくてはというスペシャリストとしての側面が垣間みえるところがあります。読む方からすると、あ、ちょっとわからないぞ、というところがあるかもしれない。それをそのまま、通り過ぎてくだすってかまわない、はずです。それが散歩の良さです。ちょっと立ちどまって、調べものをしたりしてから戻ってくる。それはまた、読み手の方の散歩になるでしょう。

この散歩、でも、変わらないのはそばにドビュッシーの楽曲があること、です。楽曲があり、そのむこうに、実際には会ったことも手をふれたことも会話したこともないけれど、作曲家のイメージが、影が、ある。

クロード・アシル・ドビュッシー、一八六二年、フランス第二帝政期に生まれ、第一次世界大戦中、一九一八年に世を去ったフランスの作曲家。この人物の残したピアノのための音楽を、著者は丁寧に紹介してゆきます。

ドビュッシーの音楽、よく知らないけど、聴いてみたい。でもどこから聴いたらいいかわからない。そんな方はもちろんですが、いくつかドビュッシーの曲を弾いたことのある方、楽曲そのものは知っているけど人物についてはよく知らないという方、にも楽しく読むことができる。それが『ドビュッシーとの散歩』です。それは単に紹介にとどまることなく、著者が長いあいだに調べたり実際に弾いてきたなかであらたに発見されたことが盛りこまれているからにほかなりません。

一篇一篇は短く、四ページから五ページほど。あたかもドビュッシーのピアノ小品をなぞらえているかのように。全部で四十ほどの章。目次をながめてみるとおわかりになるはずです。そのほとんどはピアノのための作品の「タイトル」なのです。いやいや、一篇について一曲だからあたりまえじゃないかと言われれば、そのとおり。でも、たとえばいわゆるヨーロッパの芸術音楽、クラシック音楽でこうした本をつくろうとしても、タイトルがならんでいるだけで楽しい、多様だというのはなかなかありません。

ちょっとだけ想像していただきたいのです。

たとえばモーツァルト。たとえばベートーヴェン。ソナタや交響曲がならんでも、あとはニックネームがほとんどです。「トルコ行進曲つき」「ハフナー」「ジュピター」。「英雄」「運命」「田園」。あとはナンバーや調や作品番号ばかりです。もうちょっと時代が下ると、改善（?）されるかもしれません。

たとえばシューマン。たとえばリスト。「蝶々」「アラベスク」「謝肉祭」「エステ荘の噴水」「メフィスト・ワルツ」。なるほど。

じゃあ、ショパンはどうでしょう。「別れの曲」「革命」「木枯らし」「雨だれ」。でも、これらもほとんどは通称にすぎません。多くはやはり「エテュード」や「前奏曲」だったり、ではないでしょうか。ショパンの十二曲のエテュードを一曲一曲解説する本はあります。でも、それぞれがどういうものかを知っている人でないと、そうした本を開いてもおもしろみはありません。

その点、ドビュッシーの作品は画期的です。音楽そのものの、ひびきそれじたいの新しさは言うまでもない。それは歴史が証明していますし、譜面を前にして音をだしてみれば、それまでの音楽とは大きく違っているところがすぐわかります。ここで画期的というのはもうちょっと俗っぽいところにあります。音楽＝作品とタイトル（＝ことば）との結びつきにみることができるのではないか。そんなふうにおもえるのです。

ドビュッシーにだってごくごくふつうのタイトルの作品はあります。バラード、とか、ノクテュルヌ（ノクターン）とか、あるわけです。でも、それらはほかの「金色の魚」や「雨の庭」や「音と香りは夕暮れの大気に漂う」のあいだにあって、いや、それらとともに相乗効果で、他の作曲家の数多いバラードやノクターンとはべつの色合いを持ってしまう。そんなふうに言ったらどうでしょう。しかも、いま任意に引いた三つのタイトルですけれど、それぞれ『映像第二集』『版画』『前奏曲集第一巻』に収められていて、これらの曲集もまた、どうです、なかなか魅力的なタイトルになっているのではないでしょうか。ですから、著者はピアノ曲のみで一曲ずつ、四つのパートに分けて（ほぼ）四十曲、一冊にまとめることができるし、またどのページを開いてもふっと視線をおとしたくなるタイトルをもっている。そんなふうにみることができます。

音楽とタイトルというのは、でも、けっして一筋縄でいくものではありません。名は体をあらわす、ではありませんが、タイトルが音楽をあらわしているとはかぎらないし、タイトルどおりに音楽を聴いておもしろいのかどうか、また、そうして何が聴きとれるのか、というようなことが気にかかったりします。このあたりはややこしいはなしになってしまうので、脇によけておきたいとおもいますが、ドビュッシーにしても、タイトルについての姿勢はときに揺れ動いていました。

ひとつの楽曲に、タイトルは、始まる前、楽譜でいえば、最初の音が五線紙に印刷されているその上のところに置かれます。それがドビュッシーの場合、かならずしもそうではなかったりするのです。え？　じゃあ、どこに？　はい、『前奏曲集』にかぎったことではあるのですが、十二曲ずつ二集のこれらの曲集、ひとつの楽曲が終わったところに小さくカッコに括られて、タイトルがおかれているのです。まず楽譜が、音楽がある。最後に、そう、そういえばね、というかんじで、小さくタイトルがおかれている……。こうした例、ドビュッシー以前にあったのでしょうか。タイトルそのものがないものはいくらもありますけど、こうした例は寡聞にして知りません（ドビュッシー以後はいくつか、ドビュッシーにならって？　でしょうか、見つけられるのですけれど）。

これは、まぁ、ちょっと余計なことです。著者は、ドビュッシーや音楽についての知識から、「青柳いづみこ」なる個人の日常的なことども、かつての経験といったものにもふれながら、ドビュッシーと散歩をしてゆきます。これまで出版されてきた何冊もの本からも知られるものではありましょう。ありましょうけれど、こうして何篇もの短い文章のなかでところどころにぽろっとあらわれてくるその姿、その気質やセンスは、これまでとはまたべつのあらわれかたをしているし、またすこし違った親しみ方ができるようにもおもいます。その意味では青柳いづみこさんという生身の人物が、ドビュッシーという「ともにいる」――カヴァーにあるフランス語を借用すれば「avec」ですね――人を得てこそ、あらわれてくるものが本書にはあるといえるのではないでしょうか。

（こぬま　じゅんいち／批評家・詩人・早稲田大学文学学術院教授）

初出：ヤマハ会員情報誌『音遊人（みゅーじん）』（二〇〇六年四月号〜二〇一二年九月号）連載
「4　アナカプリの丘」「17　イギリス趣味」「35　対比音のための」「36　抽象画ふうに」「37
イヴォンヌ・ルロールの肖像」「38　ゴリウォーグのケークウォーク」「39　スケッチブックから」
は書き下ろし

『ドビュッシーとの散歩』　二〇一二年九月　中央公論新社刊

JASRAC 出 1600197-601

中公文庫

ドビュッシーとの散《さん》歩《ぽ》

2016年 2 月25日　初版発行

著　者　青柳《あおやぎ》いづみこ

発行者　大 橋 善 光

発行所　中央公論新社
〒100-8152　東京都千代田区大手町 1-7-1
電話　販売 03-5299-1730　編集 03-5299-1890
URL http://www.chuko.co.jp/

ＤＴＰ　嵐下英治
印　刷　三晃印刷
製　本　小泉製本

©2016 Izumiko AOYAGI
Published by CHUOKORON-SHINSHA, INC.
Printed in Japan　ISBN978-4-12-206226-9 C1173

定価はカバーに表示してあります。落丁本・乱丁本はお手数ですが小社販売部宛お送り下さい。送料小社負担にてお取り替えいたします。

●本書の無断複製(コピー)は著作権法上での例外を除き禁じられています。また、代行業者等に依頼してスキャンやデジタル化を行うことは、たとえ個人や家庭内の利用を目的とする場合でも著作権法違反です。

各書目の下段の数字はＩＳＢＮコードです。978－4－12が省略してあります。

中公文庫既刊より

あ-64-1
ドビュッシー　想念のエクトプラズム　青柳いづみこ
印象主義という仮面の下に覗くデカダンスの黒い影。従来のドビュッシー観を一新し、その悪魔的な素顔に斬り込んだ画期的評伝。〈解説〉池上俊一
205002-0

あ-64-2
ピアニストが見たピアニスト　名演奏家の秘密とは　青柳いづみこ
二十世紀の演奏史を彩る六人の名ピアニストの技と心の秘密を、同じ演奏家としての直観と鋭い洞察で鮮やかに解き明かした「禁断の書」。〈解説〉最相葉月
205269-7

あ-64-3
音楽と文学の対位法　青柳いづみこ
ショパン、シューマンはじめ、六人の大作曲家と同時代の文学との関わりに、モノ書きピアニストの切り口で光を当てた比較芸術論。〈解説〉鴻巣友季子
205317-5

あ-64-4
ピアニストは指先で考える　青柳いづみこ
ピアニストが奏でる多彩な音楽には、どんな秘密が隠されているのか。演奏家、文筆家として活躍する著者が、ピアニストの身体感覚にせまる。〈解説〉池辺晋一郎
205413-4

あ-64-5
六本指のゴルトベルク　青柳いづみこ
小説のなかに取り込まれた数々の名曲。無類の読書家でもあるピアニストが、音楽がもたらす深い意味を読み解く。講談社エッセイ賞受賞作。〈解説〉中条省平
205681-7

あ-64-6
我が偏愛のピアニスト　青柳いづみこ
内外で活躍する日本人ピアニスト一〇人。彼らと語り合う至福のとき。同業者ならではの共感と切り込みで、互いの共通項、相違点を炙りだす。〈解説〉三木　卓
205891-0

あ-27-3
名曲決定盤（上）　器楽・室内楽篇　あらえびす
クライスラー、エルマンの歴史的名演奏を始め、コルトー、カサルスなど苦心の蒐集盤一万枚をもとに情熱的な筆致で音楽を語る、あらえびす＝野村胡堂の名著。
206131-6

あ-27-4

名曲決定盤（下）声楽・管弦楽篇

あらえびす

トスカニーニ、フルトヴェングラーの交響曲、ソプラノのレーマン、バスのシャリアピン、名盤を聴き抜いた耳と情熱の筆がレコード愛を語る。〈解説〉山崎浩太郎

206147-7

お-63-1

同じ年に生まれて　音楽、文学が僕らをつくった

小澤征爾
大江健三郎

一九三五年に生まれた世界的指揮者とノーベル賞作家。「今のうちにもっと語りあっておきたい――。」この思いが実現し、二〇〇〇年に対談はおこなわれた。

204317-6

こ-54-1

いい音 いい音楽

五味康祐

癌に冒された最晩年の新聞連載コラム「一刀斎オーディを語る」を軸に、クラシックとオーディオへの情熱が凝縮された究極の音楽エッセイ集。〈解説〉山本一力

205417-2

さ-53-1

大作曲家たちの履歴書（上）

三枝成彰

家系、宗教、作曲態度から精神状態、女性関係……大作曲家の姿を忌憚なく描き出すクラシックファン必携のデータブック。バッハからワーグナーまで。

205240-6

さ-53-2

大作曲家たちの履歴書（下）

三枝成彰

女性観、家庭環境、作曲家同士の関係、名曲の歴史的背景など、クラシック音楽が身近になる、大作曲家たちの横顔。ヴェルディからストラヴィンスキーまで。

205241-3

つ-28-1

バイオリニストに花束を

鶴我裕子

居候の修業時代、もぐりで聴いたカラヤンの〝とてつもない何か〟、N響での指揮者や演奏会・演奏旅行の思い出。のびやかな筆致で綴られた音楽的日々雑記。

205878-1

な-27-1

チャイコフスキー・コンクール　ピアニストが聴く現代

中村紘子

世界的コンクールの舞台裏を描き、国際化時代のクラシック音楽の現状と未来を鮮やかに洞察する長篇エッセイ。大宅壮一賞受賞作。〈解説〉吉田秀和

201858-7

な-27-2

どこか古典派《クラシック》

中村紘子

世界中の「ピアニストの領分」を出たり入ったり。名ピアニストが言葉で奏でる、自由気ままなエッセイは、やっぱりどこか古典派。〈解説〉小林研一郎

204104-2

書目記号	タイトル	サブタイトル	著者	内容紹介	ISBN下段
な-27-3	コンクールでお会いしましょう	名演に飽きた時代の原点	中村 紘子	今なぜ世界中でクラシック音楽のピアノコンクールがさかんなのか。その百年にわたる光と影を、クラシック音楽の感動の原点を探る。〈解説〉苅部 直	204774-7
な-27-4	ピアニストという蛮族がいる		中村 紘子	ホロヴィッツ、ラフマニノフら、巨匠たちの天才ぶりを軽妙に綴り、幸田延、久野久の悲劇的な半生が感動を呼ぶ。文藝春秋読者賞受賞作。〈解説〉向井 敏	205242-0
な-27-5	アルゼンチンまでもぐりたい		中村 紘子	著者ならではの、鋭い文明批評と、地球の裏側まで、穴があったら入りたいほどの失敗談。音楽の周囲に集まるとっておきのエピソード。〈解説〉檀 ふみ	205331-1
な-62-1	オーケストラ、それは我なり	朝比奈隆 四つの試練	中丸 美繪	九十三歳で死去するまで現役で指揮しつづけた巨匠・朝比奈隆。知られざる生いたちから栄光の晩年まで、その生涯の光と陰を描く決定版評伝。〈解説〉筒井康隆	205627-5
も-27-1	オーケストラは素敵だ	オーボエ吹きの修行帖	茂木 大輔	たったひとつの空席をめぐって火花を散らすオーディション。その修羅場をくぐり抜けてオケに入団しプロ奏者になるまでの修行の記録。〈解説〉檀 ふみ	204736-5
も-27-3	オケマン大都市交響詩	オーボエ吹きの見聞録	茂木 大輔	パリでカツ丼を食べそこない、ウィーンでは美しくも青くもないドナウを見て……。オーボエ奏者として訪れた26都市での爆笑音楽エッセイ。〈解説〉内田春菊	204775-4
も-27-4	拍手のルール	秘伝クラシック鑑賞術	茂木 大輔	演奏会での正しい拍手の仕方とは? 今さら聞けないその疑問にお答えします。もっと音楽を楽しみたい人のための、爆笑感嘆必携ガイド。〈解説〉	205532-2
よ-8-11	主題と変奏		吉田 秀和	音楽批評の第一人者が、シューマン、モーツァルト、フランク、バルトークなどの音楽の本質を見事に結晶させた記念すべき第一評論集。〈解説〉粟津則雄	205471-4

各書目の下段の数字はISBNコードです。978-4-12が省略してあります。

わ-22-1
聴衆の誕生 ポスト・モダン時代の音楽文化
渡辺 裕
クラシック音楽はいつから静かに真面目に聴くものになったのか？ 文化的、社会的背景と聴衆の変化から読み解く画期的音楽史。サントリー学芸賞受賞作。
205607-7

ホ-3-2
ポー名作集
E・A・ポー
丸谷才一 訳
理性と夢幻、不安と狂気が綾なす美の世界——短篇の名手ポーの代表的傑作「モルグ街の殺人」「黄金虫」「黒猫」「アシャー館の崩壊」全八篇を格調高い丸谷訳でおさめる。
205347-2

か-56-1
パリ時間旅行
鹿島 茂
オスマン改造以前、19世紀パリの原風景へと誘うエッセイ集。ボードレール、プルーストの時代のパリが鮮やかに甦る。図版多数収載。〈解説〉小川洋子
203459-4

か-56-2
明日は舞踏会
鹿島 茂
19世紀パリ、乙女たちの憧れは華やかな舞踏会！ フロベール、バルザックなどの作品を題材に、当時の女性の夢と現実を活写する。〈解説〉岸本葉子
203618-5

か-56-3
パリ・世紀末パノラマ館 エッフェル塔からチョコレートまで
鹿島 茂
19世紀末、先進、躍動、享楽、芸術、退廃が渦巻く幻想都市パリ。その風俗・事象の変遷を遍く紹介する魅惑の時間旅行。図版多数。〈解説〉竹宮惠子
203758-8

か-56-4
パリ五段活用 時間の迷宮都市を歩く
鹿島 茂
マリ・アントワネット、バルザック、プルースト——パリには多くの記憶が眠る。食べる、歩くなど八つのテーマでパリを読み解く知的ガイド。〈解説〉にむらじゅんこ
204192-9

か-56-8
クロワッサンとベレー帽 ふらんすモノ語り
鹿島 茂
「上等舶来」という言葉には外国への憧れが込められている。シロップ、コック帽などの舶来品のルーツを探るコラム、パリに関するエッセイを収録。〈解説〉俵 万智
204927-7

か-56-9
文学的パリガイド
鹿島 茂
24の観光地と24人の文学者を結ぶことで、パリの文学的トポグラフィが浮かび上がる。新しいパリが見つかる、鹿島流パリの歩き方。〈解説〉雨宮塔子
205182-9

各書目の下段の数字はＩＳＢＮコードです。978－4－12が省略してあります。

か-56-10
パリの秘密
鹿島　茂
エッフェル塔、モンマルトルの丘から名もなき通りの片隅まで……時を経てなお、パリに満ちる秘密の香り。夢の名残を追って現代と過去を行き来する、瀟洒なエッセイ集。
205297-0

か-56-11
パリの異邦人
鹿島　茂
訪れる人に新しい生命を与え、人生を変えてしまう街――パリ。リルケ、ヘミングウェイ、オーウェルら、触媒都市・パリに魅せられた異邦人たちの肖像。
205483-7

か-56-13
パリの日本人
鹿島　茂
西園寺公望、成島柳北、原敬、獅子文六……。最盛期のパリを訪れた日本人が見たものとは？　文庫用に新たに「パリの昭和天皇」収録。〈解説〉森まゆみ
206206-1

と-21-1
パリからのおいしい話
戸塚真弓
料理にまつわるエピソード、フランス人の食の知恵など、パリ生活の豊かな体験をもとに〝暮らしの芸術〟としての家庭料理の魅力の全てを語りつくす。
202690-2

と-21-3
暮らしのアート　素敵な毎日のために
戸塚真弓
週に一度はごちそう作り、絹のスカーフは手洗いで、調味料こそ一級品を、布を使って模様替え…パリで学んだより快適で豊かな毎日のための〝衣食住の芸術〟。
203601-7

と-21-4
私のパリ、ふだん着のパリ
戸塚真弓
露天市場やガラクタ市の魅力、フランス式おいしい紅茶の淹れ方、美術館を楽しむ法……パリ生活二十余年、毎日の暮らしから見えてきた素顔の街の魅力。
203979-7

と-21-5
パリからの紅茶の話
戸塚真弓
パリに暮らして三十年。フランス料理とワインをこよなく愛する著者が、五感を通して積み重ねた、歴史と文化の街での心躍る紅茶体験。〈解説〉大森久雄
205433-2

と-21-6
パリの学生街　歩いて楽しむカルチェ・ラタン
戸塚真弓
歳月を経た建物の柔和な表情、ローマ人の支配の痕跡、美術館、大学、教会、書店、露店市……。おおらかな風が吹き抜けるカルチェ・ラタンの素顔の魅力。
205726-5